AF465276

SOCIÉTÉ HAVRAISE D'ÉTUDES DIVERSES

Fondée en 1833

Commémoration

du

IVme Centenaire

de la

Fondation du Havre

1517 - 1917

LE HAVRE

Imprimerie du HAVRE-ECLAIR, 11, rue de la Bourse

1917

SOCIÉTÉ HAVRAISE D'ÉTUDES DIVERSES

Fondée en 1833

Commémoration du IVme Centenaire de la Fondation du Havre

1517-1917

LE HAVRE

Imprimerie du HAVRE-ECLAIR, 11, rue de la Bourse

1917

La *Société Havraise d'Etudes Diverses* a pensé qu'il serait agréable à tous ceux qui ont assisté, au Grand-Théâtre ou à l'Eglise Notre-Dame, à la célébration du *IVme Centenaire de la Fondation du Havre*, de garder le souvenir de ces cérémonies.

Elle a cru qu'il était utile de fixer, pour les générations futures, les connaissances que nous possédons, à cette date, sur les origines de notre port et de notre ville.

Les heures terribles que nous vivons n'ont pas permis de donner à ces manifestations tout l'éclat qu'elles méritaient ; dans leur simplicité, elles n'en ont pas moins marqué une étape intéressante dans l'essor continu de notre grande et belle cité.

COMMÉMORATION

DU

IVme Centenaire de la Fondation du Havre

1517-1917

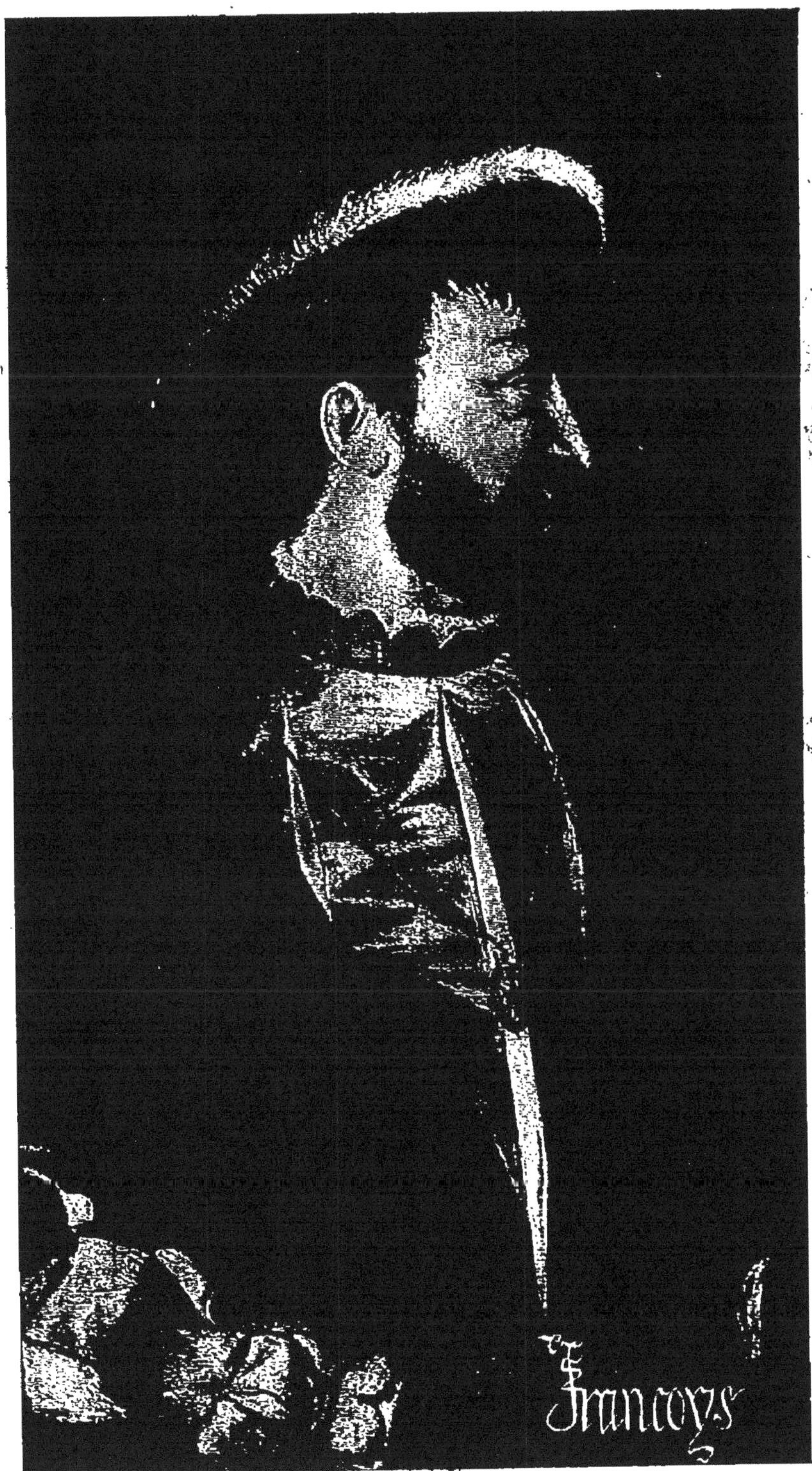
Francoys

Maire de la Ville du Havre,
M. PIERRE MORGAND.

Bureau de la Société Havraise d'Etudes diverses
pour la quatre-vingt-quatrième année

1917

Mgr JULIEN, Président.

MM. GUSTAVE BUCHARD, Vice-Président.

LAURENT CERNIÈRES, Secrétaire Général.

CHARLES GONET, Trésorier.

JEAN MACK, Secrétaire des séances.

PHILIPPE BARREY, Bibliothécaire.

PAUL LEROUX, Archiviste.

Membres d'Honneur

MM.

Le Maire de la Ville du Havre, Président d'Honneur.

JULES SIEGFRIED (O ✻) (A ✿), Député, ancien Ministre du Commerce, des Postes et des Télégraphes, Président d'Honneur.

Membres résidants

Année de l'admission MM.

1871 JULES SIEGFRIED (O ✻) (A ✿), Député et ancien Maire du Havre, 22, rue Félix-Faure.

1874 Docteur JULES ROGER ✠, 33, rue de Fécamp.

1877 ALPHONSE MARTIN (A ✿),Régisseur de biens, 11 *bis*, quai d'Orléans.

1884 LÉVAREY (I ✿), Avocat, 2 *bis*, rue Casimir-Périer.

1884 ALFRED BRUNET, ancien Négociant, 2, rue du Perrey.

1884 BRINDEAU ✻ , Avocat, Sénateur, ancien Maire du Havre, 53, boulevard de Strasbourg.

1884 JOLY, Rentier, 4, boulevard de Strasbourg.

1884 J. JENNEQUIN (I ✿), Avocat, Adjoint au Maire, 20, rue Marie-Thérèse.

1885 JEAN MACK (I ✿), Ⓐ, Directeur du Bureau de Bienfaisance, 59, rue de la Mailleraye.

1888 COUVERT (O ✻), Négociant, Président de la Chambre de Commerce, 12, rue Chef-de-Caux, Sainte-Adresse.

1888 GÉNESTAL (O ✻), Négociant, ancien Maire du Havre, Vice-Président du Conseil général, 23, rue de la Ferme.

Année de l'admission	MM.
1888	JACQUOT, Avoué, 122, boulevard de Strasbourg.
1888	ACHER, Membre du Conseil général, 5, rue Michelet.
1891	NEVEU, 25, rue de la Brasserie.
1891	PH. BARREY (I ✿), Archiviste de la Ville (Mairie).
1892	SENN (A ✿), Négociant, 97, rue de Montivilliers.
1894	THÉRIOT ✻ (I ✿), Directeur de l'Ecole primaire supérieure, 1, rue Dicquemare.
1895	Baron LE MENUET DE LA JUGANNIÈRE, Assureur, 39, rue du Havre, Sainte-Adresse.
1896	LE MINIHY DE LA VILLEHERVÉ, Avocat, 17, rue Lord-Kitchener.
1897	GODET, Négociant, 76, boulevard Albert-Ier.
1897	CARGILL, Architecte, 5, rue J.-B.-Eyriès.
1898	H. DU PASQUIER, Négociant, 18, avenue des Régates, Sainte-Adresse.
1898	QUOIST (A ✿), Imprimeur, 110, rue Victor-Hugo.
1901	GEORGES ODINET (I ✿) (O ✣), Négociant, 117, boulevard de Strasbourg.
1902	G. BUCHARD, Négociant, 6, rue Lesueur.
1902	A. GRENIER, Ingénieur, Constructeur de Navires, 31, rue Michel-Yvon.
1902	HENRI CHEGARAY, Négociant, 6, rue Auguste-Dollfus.
1902	MAURICE TACONET, Courtier maritime, 40, rue du Havre, Sainte-Adresse.
1902	Docteur LEROY (I ✿), 96, rue de Normandie.
1903	LAURENT TOUTAIN, Courtier d'assurances maritimes, 12, rue de la Reine-Elisabeth, Sainte-Adresse.
1904	Abbé ANTHIAUME (I ✿), Aumônier du Lycée, 2, rue Ancelot.
1905	GUILLARD, Avocat, Membre du Conseil général, 102, rue Gustave-Flaubert.
1905	Docteur HENRI CAUDERAY, 85, boulevard de Strasbourg.
1905	RENÉ BOSSIÈRE, 2, rue des Orphelines.
1906	CHARLES GONET, Directeur d'assurances, 10, boulevard François-Ier.
1907	E. DELAMARE (A ✿), Sous-Directeur du Comptoir d'Escompte, 10, rue de la Côte-Morisse.
1908	URBAIN FALAIZE, Rédacteur en chef, gérant du *Havre-Eclair*, 3, rue de Toul.
1908	E. DUPONT, Directeur des Docks, quai de Marseille.
1908	L. MAUGARS, Ingénieur-Mécanicien, 62, rue de Saint-Quentin.
1908	Docteur STEMPOWSKI, 20, rue Thiers.
1908	LECONTE, Pharmacien, 61, boulevard François-Ier.

Année de l'admission MM.

1909 MAURICE DAUFRESNE, Docteur en Pharmacie, 40, rue Thiers.
1909 C. RÉMOND, Notaire, 33, rue Fontenelle.
1909 Docteur LOIR ✳, Directeur du Bureau municipal d'Hygiène, 12 *bis*, rue Caligny.
1910 E. VISCONTI, Caissier, 27, rue Césaire-Oursel, Sanvic.
1910 M. HUET, Huissier, 7, rue du Chillou.
1910 LAPORTE, Directeur de l'Ecole Supérieure de Commerce, boulevard François-Ier.
1911 Docteur GEORGES PROFICHET, Membre du Conseil général, 5, rue Général-Faidherbe.
1911 Docteur CARLO, 17, place de l'Hôtel-de-Ville.
1912 LOUIS LAURENT-CERNIÈRES, Professeur, 8, rue Emile-Zola.
1912 Docteur VIGNÉ (I ✿), Adjoint au Maire, 5, boulevard François-Ier.
1912 Paul LEROUX (A ✿), Régisseur de biens, 17, rue de la Chapelle.
1912 MARCEL AUBERT, Avocat, Comite des Assureurs Maritimes, Palais de la Bourse.
1913 Monseigneur E. JULIEN, Archiprêtre, Curé de Notre-Dame, 23, rue d'Estimauville.
1913 PAUL HARTMANN, Notaire, 5, place Carnot.
1913 MAURICE HENRIET (A ✿), Juge au Tribunal Civil, 1, rue J.-B.-Eyriès.
1913 J. DURAND-VIEL, propriétaire, 111, boulevard François-Ier.
1913 LOUIS DERO, Armateur, 101, rue de Tourneville.
1914 PIERRE MORGAND (A ✿), ✠, Maire du Havre, 185, boulevard de Strasbourg.
1914 PAUL HAUCHECORNE, 35, rue de Sainte-Adresse.
1914 R. SUHNER (I ✿), chef du Service Colonial, 27, place de l'Hôtel-de-Ville.
1914 Docteur LEMONNIER, 122, rue Thiers.
1914 Docteur LENHARDT, 60, boulevard de Strasbourg.
1914 Docteur TERMET, 1 *bis*, rue Joinville.
1914 MAUGER, 4, rue Emile-Zola.
1914 Colonel MASQUELIER, 55, rue du Havre, Sainte-Adresse.
1915 JEAN SELLERON, Publiciste, 19, rue de Saint-Quentin.
1916 GASTON FLAGOLLET (A ✿), Négociant, 25, rue Bougainville.
1916 TH. MAILLART (A ✿), ancien Maire du Havre, 17, place de l'Hôtel-de-Ville.

Année de l'admission	MM.
1894	ALBERT HERRENSCHMIDT (I ✿), Rédacteur au Journal *Le Havre* (en congé), 15, passage des Orphelines.
1898	ROBERT DE LA VILLEHERVÉ (en congé), 20, rue Bernardin-de-Saint-Pierre.
1899	ANDRÉ HOFGAARD, Rédacteur en chef du *Journal du Havre* (en congé), 22, rue Général-Galliéni.
1900	GASTON GOSSELIN, Chroniqueur au *Havre-Eclair* (en congé), 15, rue Docteur-Maire.
1902	ROBERT PESLE, Courtier assermenté (en congé), 8, rue du Prince-Eugène.
1905	WOOLLETT (I ✿), Compositeur de musique (en congé), avenue Alphonse-XIII.

Membre honoraire

1884	TH. VALLÉE (I ✿), Secrétaire général du Journal *Le Havre*, 16, passage des Orphelines.

EXPOSÉ ET VŒUX

PRÉSENTÉS ET ADOPTÉS PAR LA

SOCIÉTÉ HAVRAISE D'ÉTUDES DIVERSES

dans sa Séance du 12 Avril 1916

Les préoccupations angoissantes de l'heure actuelle ne peuvent faire oublier à notre Compagnie qu'elle est, en quelque sorte, la gardienne de l'histoire de la Cité. C'est à ce titre que M. le Président et notre dévoué collègue, M. Martin, l'historien des premiers âges du Havre, ont fait, chacun de son côté, une communication sur l'opportunité de ne pas laisser passer, sans le commémorer d'une manière quelconque, le quatrième centenaire de la fondation de la ville.

Par un privilège extrêmement rare, le Havre, en effet, peut exciper de son acte de naissance. Moins poétiques, et surtout moins lontaines que celles de Marseille, les circonstances de son origine nous ont été conservées dans tous leurs détails ; nous possédons à cet égard des documents irrécusables.

Cependant, à l'encontre du grand port liguro-phocéen, le Havre n'est pas une création au sens étroit du mot. Quand le 7 février 1517, François Ier, riche déjà de gloire et plus encore d'espérance, donnait à l'amiral de Bonnivet une commission afin de creuser un port qui pût tenir en sûreté ses navires ou vaisseaux et ceux de ses sujets naviguant sur la mer Océane, il n'entendait pas faire une œuvre qui fut entièrement détachée du passé. Ce qu'il voulait, ce qui était déjà à l'étude depuis plus de quarante ans au moins, dès 1477, ce que demandait aux Etats de Normandie, en 1515, l'avocat Nicolas Caradas, ce que le commerce français réclamait avant tout, c'était un établissement maritime susceptible d'aider, de suppléer Harfleur dans son rôle de port souverain de la Normandie. L'initiative du constructeur, marin expérimenté, chargé de la direction des travaux, l'impossibilité matérielle de suivre à la lettre les indications du devis, aussi la prudence, car l'outillage rudimentaire de l'époque ne permettait pas de lutter contre l'irrésistible marche des atterrissements, toutes ces raisons firent que la conception initiale se compléta : François Ier avait voulu un port ; du Chillou tira de l'ordre royal sa conséquence naturelle : il y ajouta une ville.

Les débuts de l'opération furent conduits avec une rapidité extraordinaire. Dès le 12 février, Bonnivet avait transmis ses instructions au vice-amiral Guyon Le Roy, sieur du Chillou, alors capitaine de Honfleur, qui s'était rendu au lieu de Grâce afin d'y établir un devis sommaire et l'envoyer au Roi, ceci dans le court espace de 15 jours, parce que François Ier voulait que « incontinent on besogne au dit havre ».

Le vicomte de Blosseville, capitaine de Caudebec et de la côte de Normandie, s'était empressé de publier dans la région la mise en adjudication des travaux pour la huitaine suivante, c'est-à-dire pour le 2 mars 1517, à Harfleur, ville la plus proche de l'endroit des travaux projetés.

Du Chillou, arrivé à Harfleur le dimanche 1er mars, avait commencé ses études sur place dès le lendemain, en présence de 5 à 600 personnes. On avait choisi l'endroit où le havre serait percé. Deux tours devaient être construites avec un écartement de 33 mètres l'une de l'autre. De ces tours devaient partir deux jetées extérieures pour maintenir la liberté du chenal du Sud-Ouest contre les envahissements du galet. A l'intérieur, des criques naturelles allaient former l'avant-port, puis le bassin du Roi et enfin celui de la Barre. Une partie des terres devaient être maintenues par des murs de quai de 47 mètres de longueur.

Le tout devait être mis en communication avec le port de Harfleur par une tranchée ou canal, ayant sept kilomètres de longueur et vingt mètres de largeur, ce qui était suffisant pour la navigation, car les navires de ce temps jaugeaient ordinairement 80 tonneaux avec six mètres de largeur et quinze mètres de longueur.

Si l'on veut célébrer cet événement de la conception du nouveau havre de grâce, il faudra prendre la date du 7 février 1517, pour l'échéance du quatrième centenaire de sa fondation.

Une autre date, se rapportant à la pose de la première pierre d'un édifice, pourrait être proposée, mais le fait en lui-même n'aurait peut-être pas une importance suffisante, car ce serait le premier coup de bêche donné pour le percement du havre, le 16 avril 1517, c'est-à-dire le jeudi de la semaine de Pâques, puis la construction de la petite maison de bois destinée à servir de bureau et de remise aux outils, achevée au mois de mai de la même année, puisqu'il n'y avait à ce moment aucun édifice pour servir d'abri aux maîtres maçons de l'œuvre.

Voulant parfaire l'entreprise, se rendant d'ailleurs très bien compte que le projet de diriger sur Harfleur, par un canal de 7 kilomètres de longueur, les navires qui arriveraient au Havre, était irréalisable, du Chillou acquit des paroissiens d'Ingouville, le 6 mai 1517, 24 acres de terrain à prendre de chaque côté du port. C'était l'amorce de notre ville. Aujourd'hui, ayant deux fois renversé ses remparts, elle s'étend au loin dans la plaine, escalade la côte et envoie son faubourg de Graville rejoindre son antique prédécesseur.

Dès le 8 septembre, du Chillou, afin de favoriser le peuplement de la ville qu'il entreprenait, envoyait vers le Roi, alors à Argentan, son lieutenant Jacques d'Estimauville, pour lui remettre une requête dans laquelle il exposait « que si nostre plaisir estoit, donner les franchises à tous ceulx qui vouldroient venir demeurer et habiter audict lieu de Grâce, que ledict port en seroit beaucoup rendu plus commode, et à ce moyen y arriveront grand quantité de navires qui seroient la cause de plus facillement le faire réduire en perfection d'ouvraige et où nous et la chose publique pourrions avoir gros prouffit ».

Cette suggestion s'accordait trop avec les désirs du Roi d'attacher son nom à une création destinée à perpétuer son souvenir pour qu'il n'y réservât pas un accueil favorable.

Le 8 octobre 1517, François Ier, après avoir proclamé que « son vouloir et intention, était au long du dit port et havre » de Grasse, faire construire et édifier forteresse et ville close » et laquelle, afin qu'elle puisse être peuplée et que en icelui » lieu habitent gens de tous étatz, nous a semblé faire certains » exemptions et affranchissements à tous ceux qui de pres-

» sens y sont habitués, et qui ci après se viendront habituer » et faire bâtir en la dite ville » concédait aux habitants qui viendraient résider autour du nouveau port des exemptions de tailles et d'impôts pendant 10 ans, et le privilège particulièrement apprécié du franc salé.

En outre, comme il fallait pourvoir les habitants d'eau potable en quantité suffisante, le Roi avait ordonné aussitôt la captation des eaux de Vitanval, leur amenée par une canalisation jusqu'au Havre pour alimenter une fontaine monumentale avec son effigie.

Il n'était pas malaisé à du Chillou de dresser le plan de la nouvelle ville puisqu'il était en possession des terrains sur lesquels elle devait être construite. On peut constater aujourd'hui encore que les rues étaient droites et bien aérées. Dès le 6 novembre 1517, Jacques d'Estimauville retournait vers le Roi, à Tours, afin de porter cette fois :

« Le portrait de la grandeur et largeur de la plateforme d'une ville que nous avions délibéré faire à fossés et murailles à l'entrée du havre . »

Ainsi que le rappelait François Ier, nous disons qu'il s'agissait cette fois du plan d'une ville, car le 5 juillet précédent, Jacques d'Estimauville avait présenté au Roi, qui était alors à Rouen, seulement le portrait de la façon dont serait fait le havre.

La création d'une ville étant décidée, il fallait lui donner un nom; car la désignation de havre, commune à tous les refuges de navires, n'aurait pas eu de sens. Aussi François Ier déclarait dans ses lettres patentes du 16 juin 1532 qu'il l'avait nommée la « Françoise de Grâce ». C'est ainsi que des actes de 1524 mentionnent les noms de Havre de Grâce et de la ville Françoise. Un acte de 1535 cite le port de Françoise de Grâce, etc...

Dans cette situation, la date du 8 octobre 1517 est véritablement celle de la naissance de la ville du Havre de Grâce et celle de son baptême, puisque François Ier lui avait donné son nom. Si ce nom patronymique de « Ville Françoise » a disparu, de même que la désignation de Grâce, c'est toujours l'œuvre de François Ier, commencée le 8 octobre 1517, qui subsiste aujourd'ui.

Aussi, le 8 octobre 1917 doit être la date où elle atteindra 400 ans.

A plusieurs reprises et depuis quelques années ce quatrième centenaire, tant dans la presse que par les travaux de nos écrivains, a fixé l'attention de nos concitoyens. Déjà, à notre séance du 21 juillet 1911, notre président actuel, M. le docteur Leroy, alors vice-président, avait proposé d'émettre un vœu pour demander à la Municipalité d'étudier à cette occasion un programme de fêtes artistiques, littéraires, scientifiques et maritimes, de façon à célébrer avec éclat un anniversaire aussi important dans l'histoire de la province et du pays.

Précédemment, le 16 mars 1911, un membre du Conseil municipal, M. Coty, traitant incidemment cette question, à propos du vote d'une subvention au Comité formé à Rouen pour commémorer le millénaire de la cession d'une partie de la Neustrie à Rollon et à ses compagnons, s'exprimait ainsi :

« Sans doute, en 911, notre cité n'existait pas encore, puisque nous ne fêterons qu'en 1917 son quatrième centenaire. Son territoire actuel n'était encore pour la majeure partie que marécages sans nom et sans habitants. Le millénaire nous sera une occasion de nous rappeler notre histoire locale, que nos concitoyens ne connaissent pas assez, et dont ils ont lieu cependant de tirer quelque fierté, puisque ce coin perdu de la côte normande, peu à peu sorti des eaux, est devenu, par une fortune singulière, la plus grande des villes de Normandie. »

L'année suivante, reprenant à nouveau cette question qu'il n'avait abordée que d'une façon incidente, M. Coty proposait, en même temps que l'étude de la possibilité d'une Exposition havraise pour le centenaire, la mise à l'ordre du jour des manifestations de toute nature, destinées à rehausser l'éclat de cet anniversaire. En termes excellents, il en faisait ressortir le haut intérêt : « 1917, disait-il, et quelques-uns d'entre vous l'ont certainement remarqué, marque le quatrième centenaire de la fondation du Havre. Je ne crois pas avoir besoin d'insister sur les motifs d'ordre moral et aussi sur les motifs d'intérêt pratique pour lesquels nous tiendrons tous à célébrer dignement un tel anniversaire et à souligner à ce moment le magnifique développement de notre ville, surtout dans le quatrième et dernier siècle, dont l'année 1917 marquera le terme » (1).

Evidemment, les événements dont nous sommes les spectateurs attristés réduisent d'eux-mêmes le large programme qu'indiquait M. Coty. On ne peut envisager l'organisation d'une Exposition : peut-être même, et cela est subordonné à la durée des hostilités, ne nous sera-t-il pas permis de pouvoir donner à cette commémoration le relief extérieur qui associe la masse de la population aux glorieux souvenirs de l'histoire. Mais, à défaut de fêtes se déroulant dans les rues de la Cité, de cortèges rutilants rappelant nos fastes, d'évocations pompeuses des grands jours du Havre, il y a place pour des célébrations plus modestes. Tout en respectant les deuils dont saigne la Patrie, tout en accordant nos sentiments avec ceux qui tiennent palpitants l'unanimité de nos concitoyens, il est possible de marquer de manière digne et solennelle le quatrième centenaire de la décision mémorable qui instaura, dans les marais de Grâce, le grand port océanique de la France.

M. le Président propose donc à la Société d'émettre les vœux suivants :

1° Que le quatrième centenaire de la fondation du Havre soit commémoré d'une manière aussi complète que le permettront les circonstances, soit à la date du 7 février 1917, anniversaire de la délivrance par François Ier de la Commission ordonnant de construire le Havre, soit le 8 octobre, date de la concession des premiers privilèges aux habitants du Havre ;

2° Organiser une Exposition de tableaux, gravures, études, livres, ayant rapport à notre ville, au Musée des Beaux-Arts ou en tel autre local dont l'Administration municipale pourrait disposer ;

3° Faire des conférences sur le Havre, par des Havrais ou des personnes étrangères à notre ville ;

4° Qu'une délégation, composée du Président de la Société, auquel seraient adjoints nos anciens présidents, ainsi que M. Alphonse Martin, soit chargée de présenter nos vœux à l'Administration municipale et de lui demander en même temps que la Commission du Conseil Municipal veuille bien

(1) Conseil Municipal. Séance du 13 novembre 1912.

s'adjoindre des membres de nos sociétés locales, littéraires, artistiques et scientifiques, pour l'étude du projet à établir ;

5° Enfin, la Société pense que malgré les ménagements financiers nécessités par les événements, le Conseil Municipal du Havre accomplirait un acte de légitime et tardive reconnaissance en décidant l'érection d'une statue de François Ier, fondateur du port et de la ville du Havre.

Le modèle en plâtre de la statue du Père des Lettres, déposé au Musée, dû au ciseau de Dumont, et qui a été offert dès 1839 à la Ville par son auteur, se prête admirablement à une reproduction en bronze. Elle pourrait être érigée sur un piédestal de lignes aussi sobres que possible, dans la cour d'honneur de l'Hôtel de Ville. Il suffirait pour cela de modifier la plantation des deux parterres qui la décorent, les voies d'accès des voitures, et d'opérer quelques changements dans l'implantation de la grille.

La Société croit devoir rappeler à ce propos qu'une réduction en bronze de cette statue, fondue en 1896 à l'aide des fonds recueillis par une souscription publique, a été offerte cette année au tzar Nicolas II, lors de son premier voyage à Paris.

SEANCE DU CONSEIL MUNICIPAL DU 10 MAI 1916

Proposition de M. Jennequin, Adjoint

La Société Havraise d'Etudes diverses nous a remis un mémoire des plus intéressants, sur l'opportunité de célébrer le IVme centenaire de la fondation du Havre par François Ier. Ainsi que le fait remarquer un des membres de la Société, M. Martin, dont sont connus et appréciés les travaux sur l'origine du Havre, on peut commémorer, — soit l'anniversaire de la Commission donnée par le Roi, le 7 février 1517, à l'amiral de Bonnivet, pour la création du port, — soit l'anniversaire de la fondation de la Ville, le 8 octobre 1517, sous la direction éclairée de Chillou et de Jacques d'Estimauville. Les événements actuels nous inclinent plutôt à recommander cette dernière date à vos préférences.

Dans l'éventualité même, que nous pouvons raisonnablement espérer, d'une prochaine et définitive défaite allemande, on ne saurait songer à la date beaucoup trop rapprochée du 7 février 1917. De même, l'idée très judicieusement émise par M. Coty, avant la guerre, de faire coïncider une grande Exposition havraise avec le centenaire de la Ville, ne peut plus être regardée, aujourd'hui, comme réalisable. Mais le projet de la Société Havraise d'Etudes diverses de tenir, au Havre, de grandes assises des lettres et des arts, se rapportant au XVIme siècle, nous apparaît comme devant être pris en très sérieuse considération.

François Ier, ne l'oublions pas, dont tout le règne fut rempli par une lutte continuelle contre la puissance germanique, fut, d'autre part, un protecteur éclairé des lettres et des arts. La postérité a ratifié le titre de *Père des lettres*, que lui décernèrent ses contemporains. Et quelle pléiade de brillants écrivains ne voyons-nous pas apparaître au XVIe siècle : Rabelais, Calvin, Amyot, Brantôme, Montaigne, parmi les prosateurs ; Marot, Ronsard, parmi les poètes ! Parmi les peintres-sculpteurs, *protégés du Roi de France*, l'histoire n'a-t-elle pas consacré les noms et la gloire des Léonard de Vinci, Del Sarto, Cellini, Le Primatice, Lescot et de beaucoup d'autres encore !

Si la Société Havraise d'Etudes diverses voulait bien tenter d'organiser une grande quinzaine littéraire sur les auteurs du XVIe siècle, quinzaine au cours de laquelle des conférenciers éminents, pressentis assez longtemps à l'avance sur ce qu'on attend d'eux, feraient, en quelque sorte, revivre les auteurs de l'époque, ce serait là, pensons-nous, prendre une très heureuse initiative ! Notre devoir serait évidemment de l'aider et de l'encourager par tous les moyens en notre pouvoir.

Dans le même ordre d'idées, nos Sociétés des Amis des Arts pourraient se consacrer à l'organisation d'une exposition limitée, elle aussi, aux œuvres d'art du XVIe siècle, et pour laquelle on devrait nécessairement s'adresser à de nombreuses cités françaises et étrangères. Un appel adressé aux artistes, en vue de *reproduction des chefs-d'œuvre* de l'époque, serait, nous en avons recueilli l'assurance, très bien accueilli dans le monde des arts et assurerait le succès de l'exposition !

Conviendrait-il d'ajouter à cela une reconstitution de la vie du XVIe siècle, — un peu analogue à ce qu'on voit à Harfleur, — pour le XVIIIe ? Il me semble que la réponse à cette question pourrait dépendre de la fin plus ou moins prochaine des hostilités. Dans tous les cas, si l'on entrait dans cette voie, il faudrait faire quelque chose de sérieux et de beau ou ne rien tenter du tout.

La Société Havraise d'Etudes diverses nous demande également de décider l'érection d'une statue à François Ier. Peut-être jugerez-vous que l'initiative privée pourrait s'employer plus utilement, à cet égard, que l'Assemblée communale ? Dans tous les cas, je suis persuadé qu'il ne déplairait à aucun de nous de voir se dresser sur une de nos places publiques la statue du Fondateur du Havre, qui fut, à son époque, en même temps que le protecteur des lettres, le plus redoutable et le plus constant adversaire des convoitises allemandes.

Toutes ces questions, Messieurs, méritent incontestablement d'être étudiées. Nous vous proposons de les renvoyer à l'examen d'une Commission spéciale prise d'abord dans votre sein et à laquelle on pourra et même on devra adjoindre un certain nombre de personnalités havraises, susceptibles d'apporter les plus utiles concours. Et, afin de montrer à tous notre ferme dessein d'aboutir et de pouvoir solliciter le plus tôt possible l'appui indispensable du Département et de l'Etat, nous vous proposons d'inscrire une première somme de 5.000 francs, tant pour l'étude que pour l'amorce du projet que nous venons de vous exposer sommairement.

SÉANCE DU CONSEIL MUNICIPAL DU 7 FÉVRIER 1917

Discours de M. Jennequin, Adjoint

MESSIEURS,

Aujourd'hui est le quatrième centenaire de la fondation du Havre par François Ier. Si, en effet, la charte royale enjoignant à l'amiral de France Bonnivet d'établir un grand port à l'estuaire de la Seine, au lieu dit de Grasse, porte la date du 7 février 1516, comme l'année finissait seulement, à cette époque, la veille de Pâques, c'est bien au 7 février 1917 que se doit placer la commémoration de notre naissance !

Il a paru à l'Administration municipale, comme il vous paraîtra, sans doute, à vous-mêmes, qu'en raison de la guerre à nous imposée par l'Allemagne, nos anniversaires doivent se borner aux récits un peu circonstanciés des événements de nos origines, de façon à les rappeler au moins sommairement à tous nos concitoyens.

Aux débuts du XVIme siècle, on avait certainement dans tous les Etats d'Europe le sentiment d'entrer dans une ère nouvelle : Vasco de Gama, en doublant le cap de Bonne-Espérance, avait ouvert la route maritime des Indes et de l'Extrême-Orient ; Christophe Colomb, découvrant l'Amérique, venait de révéler tout un monde, dont l'Antiquité et le Moyen Age n'avaient même pas soupçonné l'existence ! Les horizons de l'humanité étaient, en vérité, singulièrement élargis !

Est-ce que la navigation côtière ou de cabotage, la seule qui eut été pratiquée normalement jusqu'alors, suffirait désormais aux besoins nouveaux ? La navigation au long cours, conséquence des découvertes récentes, se contenterait-elle des trirêmes romaines, des galères et des caravelles du Moyen Age ? On fut là-dessus bien vite fixé, quand on vit apparaître sur les mers des vaisseaux géants, immergeant dans l'Océan, de véritables villages, élevant vers les cieux, comme l'a chanté Byron, le prestigieux poète de nos Alliés britanniques, des mâtures altières, surchargées de voiles blanches, pareilles, dans le lointain, à des frondaisons de forêts en marche !

A ces navires, dont la stabilité exigeait qu'ils s'enfonçassent très avant dans les flots, étaient indispensables des havres ou ports, en eau profonde, ainsi que des aménagements de toutes sortes, tant pour leurs réparations que pour le chargement ou le déchargement des marchandises. C'est certainement de cette pensée qu'est née la Grande Cité que nous avons tous ici l'honneur de représenter !

La Commission du Roi à Bonnivet s'exprimait en effet de la façon suivante :

« François, par la grâce de Dieu, Roy de France, à nostre
» amé et féal conseiller, chambellan et chevalier de nostre
» ordre, le Sr de Bonnivet, amiral de France, salut et dilection :
» comme pour tenir en seureté les navires et vaisseaulx de nous
» et nos subjectz navigans sur la mer Occéane, ayons fait ser-
» chez en la coste de Normandie et pays de Caux lieu seur et
» convenable..... »

L'Ordonnance royale, comme l'a souligné récemment M. le Sénateur Brindeau, fut exécutée avec une prompte célérité. Le 12 février suivant, nous dit M. Alphonse Martin, de la Société Havraise d'Etudes diverses, déchiffreur émérite de nos vieilles chartes, Bonnivet rétrocédait la mission qui lui avait été confiée à Guyon du Chillou, capitaine du port d'Honfleur, menacé, comme de nos jours, d'ensablement ; les deux et trois mars, on procédait à l'adjudication des travaux, qui, commencés avec une moyenne de 500 ouvriers, prélevés pour la plupart par réquisition dans les vicomtés environnantes, étaient effectivement terminés au mois d'août 1520.

A cette date, François Ier vint visiter son nouveau port, dont il constata l'achèvement, tout en exprimant son regret que la Ville n'était encore, ni grandement peuplée ni édifiée de maisons. Il accorda à cette occasion, ou plus exactement, il renouvela en notre faveur, nonobstant doléances et vives remontrances du Parlement de Rouen, certains privilèges et exemptions d'impôts qui contribuèrent sensiblement au développement ultérieur du Havre.

Deux jetées s'avançaient en mer pour faciliter l'entrée des navires ; les deux tours François Ier et Vidame, édifiées à leur base, défendaient le port contre les incursions éventuelles d'un ennemi ; des quais, bien agencés, s'étendaient jusqu'à l'emplacement actuel du bassin du Roi, présentant une suffisante surface pour la manœuvre et l'accostage des nouvelles unités maritimes. Des embryons de rues étaient aussi tracés : la rue Saint-Michel, maintenant rue de Paris ; la rue de Sainte-Adresse, actuellement rue d'Estimauville, du nom d'un des plus utiles collaborateurs de Messire du Chillou ; la rue de la Fontaine, où s'amenaient les eaux de Vitanval, de nos jours, rue des Viviers.

Autour d'une chapelle, dédiée à Notre Dame de Grâce, sise sur le présent emplacement de l'Eglise Notre-Dame, existaient deux rues latérales, devenues à notre époque, les rues Saint-Jacques et des Drapiers, qui amorçaient de façon manifeste la construction de notre vieux quartier Saint-François.

Il ne saurait entrer dans le cadre d'une communication au Conseil Municipal de narrer en détail les développements ultérieurs de la Cité. Nous nous en consolons d'autant mieux que la Société Havraise d'Etudes diverses, tiendra, au Grand-Théâtre, le 13 avril prochain, date commémorative de l'inauguration des travaux, une séance solennelle au cours de laquelle un de ses membres les plus distingués, dont l'érudition et la haute tenue littéraire sont appréciées de tous nos concitoyens, retracera l'œuvre accomplie de François Ier à nos jours. Nous ne pouvons cependant point ne pas saluer au passage du Chillou, et quelques-uns de ceux qui, au cours du siècle dernier principalement, furent peut-être les plus utiles artisans de notre prospérité commerciale.

Parlant de Messire du Chillou, Borély, le brillant historien du Havre, après avoir retracé en détail la mise en œuvre et l'exécution sous sa surveillance des travaux du port, les difficultés à lui suscitées par le marquis de Graville, invoquant des droits féodaux sur les terrains concédés à la nouvelle Ville, proclame très solennellement que les Havrais lui doivent avoir non moins de reconnaissance qu'à François Ier.

Au XIXme siècle, nous trouvons Sery, Maire du Havre de 1800 à 1821. L'aménagement de la nouvelle ville fut en partie son œuvre ; à lui aussi revient l'honneur de la suppression des entraves apportées au commerce par le maintien de l'Arsenal et l'organisation commerciale du port.

Dans la seconde moitié du siècle, il convient certainement de relever le nom de Jules Ancel, à qui nous devons notre Hôtel de Ville, le boulevard de Strasbourg, et par dessus tout, la destruction, en dépit de résistances obstinées de la tradition et de la routine, de nos anciennes fortifications, devenues le grand obstacle au développement ultérieur de la Cité. Plus près de nous est Frédéric Mallet, Président de la Chambre de Commerce de 1875 à 1890, dont la part fut si prépondérante dans la construction du bassin Bellot, de nos développements des quais, de nos formes de radoub, et des nombreux hangars permanents, qui complètent si utilement notre outillage maritime.

La liste de ceux qui au XIXme siècle nous paraissent avoir le plus spécialement contribué à l'extension du Havre et de son port est loin d'être close. Certains de nos contemporains, encore vivants, qui ont su voir et faire grand, devront certainement être inscrits à la suite des noms que nous venons de rappeler : il est tout naturel que, dès maintenant, nous leur exprimions discrètement notre reconnaissance.

Mais pourquoi faut-il que nous laissions soupçonner une ombre au tableau ?

Les travaux du port furent, avons-nous dit, commencés en 1517 et menés très rapidement à bonne fin, tant et si bien qu'ils étaient terminés au mois d'août 1520. Voilà un exemple dont parlements et administrations modernes devraient bien s'inspirer pour nous permettre notamment, au point de vue communications avec l'intérieur, de soutenir, lors de la cessation des hostilités, la concurrence des ports étrangers ! Nous nous demandons parfois si le jugement impartial et sévère de l'histoire ne se montrera point très rigoureux à l'encontre de certains atermoiements déjà anciens, atermoiements dont MM. Génestal, alors Maire du Havre, et

Joannès Couvert, Président de la Chambre de Commerce, se plaignirent si amèrement dans une séance solennelle de la Chambre de Commerce, tenue le 10 septembre 1909, en présence de M. Millerand, alors Ministre des Travaux publics ?

Faut-il espérer qu'à notre égard, tergiversations stériles et ajournements successifs iront maintenant rejoindre dans les arcanes du passé les idées désuètes, les méthodes surannées d'avant-guerre ?

Nous voulons le croire d'autant mieux qu'on paraît parfaitement se rendre compte en haut lieu de l'intérêt général du pays à intensifier son action maritime, en donnant au port du Havre tous les moyens de communication qui lui sont indispensables pour devenir, de plus en plus, l'exportateur des produits de la région parisienne et le grand entrepôt des marchandises du Nouveau-Monde !

Formulons le souhait que tout soit à point quand, en 1920, nous célébrerons solennellement la véritable inauguration du port, coïncidant, comme nous l'avons relaté, avec l'anniversaire du premier voyage de François Ier !

Quand sera maîtrisée la bête malfaisante et féroce qui, pareille à un de ces êtres fantastiques de l'Apocalypse, ne semble respirer et vivre qu'en vue de la désolation du monde, nous aurons, en effet, malgré les deuils cruels dont nous sommes affligés, possibilités et loisirs pour convier la France et ses Alliés des deux Mondes à un noble concours des belles œuvres de paix, susceptible de commémorer dignement nos origines et de contribuer, dans une large mesure, au développement comme à la richesse de la Cité.

Nous ne manquerons pas de nous attacher à cette œuvre ; aujourd'hui nous nous bornons à vous proposer la délibération suivante, à l'effet de commémorer publiquement l'anniversaire de notre naissance :

Le Conseil Municipal,

Réuni le 7 février 1917, anniversaire du IVme centenaire de la fondation du port par François Ier,

Exprime ses sentiments de reconnaissance au fondateur du Havre, ainsi qu'à tous ceux, qui, du XVIme siècle à nos jours, ont le plus largement contribué aux développements du Havre ;

Confiant dans les promesses des Pouvoirs publics de compléter notre outillage maritime et de nous permettre, dans l'intérêt même du pays, de soutenir la concurrence des ports étrangers, renouvelle ses vœux de prochain établissement des voies de communications intérieures nécessaires à notre trafic ;

Décide dès à présent qu'aussitôt la paix victorieuse obtenue sur l'Allemagne et autres ennemis de la Patrie, il sera fait appel à tous les concours utiles, afin de célébrer dignement et solennellement les anniversaires de nos origines.

Cette délibération est adoptée à l'unanimité.

ORIGINES et FONDATION du PORT et de la VILLE DU HAVRE

par M. PHILIPPE BARREY, archiviste de la Ville

Par une fortune singulière, unique sans doute parmi les grandes villes de l'Europe occidentale, le Havre peut dater exactement le moment de sa fondation, évoquer les motifs d'intérêt général qui l'ont déterminée, rappeler en leurs détails les premiers travaux qui ont fait surgir des marécages de la plaine de Grâce le port, rudimentaire tout d'abord, qui est devenu aujourd'hui la grande porte de la France sur l'Océan Atlantique.

Mais, s'il projette sur ses origines une clarté complète, il s'en faut qu'il puisse être isolé dans le temps et considéré sans attaches avec le passé. La fondation d'un port en cette partie de la Normandie n'a pas été uniquement la manifestation d'une volonté souveraine, soustraite aux fatalités historiques, indépendante des besoins économiques. De pareilles décisions, quand elles se réalisent, n'élèvent que des œuvres sans avenir. Plus fortes que les fantaisies du pouvoir ou les engouements de la politique, les lois inflexibles qui régissent les courants commerciaux et les relations maritimes ont tôt fait de plonger sinon dans le néant, au moins dans la médiocrité, les cités et les ports qui ne répondent pas à des nécessités essentielles, absolues.

Le Havre, historiquement, n'est pas une création dans le sens complet du terme, ainsi qu'on l'entend pour les villes qui, de l'autre côté de l'Océan, ont surgi du sol avec une si merveilleuse rapidité. Il est étroitement relié à des ascendants. C'est la continuation, sous un aspect nouveau et sur un emplacement un peu différent, d'un établissement maritime antérieur. Celui-ci n'était également que le successeur d'un port et d'une ville qui, il y deux millénaires, ont brillé d'un vif éclat. Loin d'être le parvenu qui s'installe dans une place et en évince brutalement les occupants, d'être sans affinité avec son entourage, le Havre est l'héritier direct de parents riches et influents, de parents auxquels le destin n'a pas toujours été clément. La chaîne de continuité qui les relie d'âge en âge avec lui ne se rompt pas ; elle peut être suivie jusqu'aux époques indécises où l'histoire se confond avec la légende.

Dans cette fin de terre du pays cauchois, le Havre de François Ier sera profondément enraciné ; il y recrutera, jusqu'à la prodigieuse transformation technique du XIXme siècle, sa population primitive, et il s'y alimentera par la suite. Malgré des traverses de tout genre, une insalubrité longtemps endémique, les guerres civiles et les guerres étrangères, les razzias de ses navires, les bouleversements presque périodiques de sa prospérité, non seulement il se maintiendra, mais, de plus, il tendra de siècle en siècle à devenir le grand entrepôt de la France du Nord.

Soyons justes. Si l'effort obstiné de ses enfants, si la ténacité et l'expérience de ses marins lui ont permis de triompher des obstacles que lui suscitèrent constamment et les éléments et ses adversaires, il le doit pour beaucoup à une situation géographique exceptionnelle.

Déjà, dans le monde antique, l'estuaire de la Seine jouissait d'une réputation privilégiée. Cette sorte de golfe, où la Manche s'avance profondément, présente une particularité unique parmi les grands fleuves français. Passé la presqu'île du Cotentin et le cap d'Antifer, les côtes s'infléchissent comme pour indiquer aux navigateurs la direction à suivre.

Au lieu des terres basses de la Loire et de la Garonne, les blanches falaises de Caux, d'un côté, et les hauteurs verdoyantes du pays d'Auge, de l'autre, forment les jetées d'un énorme chenal. Les récifs y sont inconnus, les bancs sont rares et non accores, les fonds s'y relèvent graduellement (1) ;

---

(1) Les exemples sont nombreux de navires venus s'échouer aux environs du Havre et dans l'estuaire et qui ont été relevés sans grandes avaries. Parmi les plus récents, on peut citer en janvier et février 1910, le *Furst-Bismarck*, de 142 mètres de longueur et de 8.500 tonneaux de déplacement, et le *Glyn*, de 1.106 tonneaux, qui se mirent à la côte, sous la falaise d'Octeville, par temps très brumeux. Après trois jours de travail pour le premier, quatre pour le second, ils faisaient leur entrée dans le port.

ces parages sont accueillants et non hostiles, ils guident et ne trompent pas.

Cette entrée majestueuse donne accès à la voie fluviale la plus régulière et la plus aisément navigable du sol français. Elle a été la grande route qui marche par laquelle les caravanes phéniciennes, les marchands grecs, les commerçants de Marseille, ont pénétré jusqu'aux régions septentrionales, sont allés chercher l'étain, ce métal autrefois indispensable, qu'on trouvait aux Cassitérides, et qu'on ne trouvait guère que là.

La Haute-Seine, par les portages faciles des seuils de la Bourgogne et du plateau de Langres, se reliait avec la Saône, d'où les marchandises descendaient par le Rhône jusqu'à la Méditerranée.

De l'estuaire de la Seine, entre le pays des Lexoviens et celui des Calètes, à la Grande-Bretagne, on comptait, disait Strabon, moins d'une journée de traversée.

Mais ce n'était pas uniquement pas son cours principal que la Seine jouait un rôle capital de voie de pénétration ; ses affluents y participaient heureusement. Par le Loing et l'Essonne, elle est voisine de la Loire, par l'Oise elle se rapproche de la Sambre et de la Meuse, et, par là, du Rhin lui-même ; enfin son embouchure, exactement à mi-chemin entre le Finistère et les bouches du Rhin, est comme le point central où aboutissent naturellement toutes les lignes maritimes qui partent de la Frise, des golfes de la Tamise et de l'Humber, des îles Scilly et de Wight, des côtes de Bergen et de Trondjhem.

La raison déterminante de l'existence des ports de la Basse-Seine, c'est qu'ils seront placés sur un fleuve d'accès facile, qui dessert une étendue considérable d'un territoire peuplé, couvert d'exploitations agricoles fertiles et d'industries actives. Des calamités pourront les détruire ; la tourmente passée, ces ports réapparaîtront dans le même site ou, si les circonstances ne s'y prêtent pas, sur un emplacement voisin.

D'autrefois à aujourd'hui les différences sont plus apparentes que réelles. La France est restée un grand isthme. Le commerce emprunte de préférence la voie de mer maxima à la voie de terre minima. La mer est pour nous le grand chemin : Marseille et Gênes sont toujours les grands ports d'embarquement pour l'Asie la plus lointaine ; Brindisi n'attire que les privilégiés de la malle des Indes (1).

La situation de l'estuaire de la Seine l'a donc, de tout temps, désigné pour être le siège d'un port actif et fréquenté, alliant aux facultés d'un port fluvial les avantages d'un port de haute mer. Quand, par suite de l'accroissement des dimensions des navires et de l'amélioration des passes de la Seine-Maritime, une spécialisation s'est produite, chacun des ports a gardé le caractère particulier que lui imposait sa position géographique, l'un devenant par sa facilité d'accès et sa façade sur la mer un entrepôt et un grand marché, l'autre, par sa situation sur le fleuve, permettant la remontée des navires jusqu'au point où le transbordement des marchandises s'impose pour pénétrer plus avant dans l'intérieur du pays.

Dans ce sens, ces rôles respectifs sont récents. Longtemps la fonction du port de l'estuaire fut au contraire d'être le lieu de débarquement d'où les cargaisons étaient dirigées en amont, où elles étaient consommées ou manufacturées. Ce ne fut qu'à partir du XVIIIme siècle que s'opéra l'inversion, sous l'influence des permissions d'entrepôt, dont on trouve l'origine dans la faculté d'étape accordée par Colbert.

Mais, jusqu'à la fondation du Havre, l'antique processus économique se maintint sans changement. Les ports qu'il remplaça furent, à des degrés différents, des ports de contact, où se canalisait, sans qu'il en restât autre chose qu'une ample source de profits, le double courant des importations et des exportations.

LES PORTS DE L'ANTIQUITE

Le plus ancien des ports dont le Havre est le légitime successeur fut Lillebonne. Son origine est fort reculée et sans doute remonte-t-elle aux temps celtiques et peut-être même ligures. Certains historiens assurent que le port pré-romain fut Lotum (Caudebec-en-Caux). Mais cette question est fort controversée et la généralité des opinions incline à penser que ce fut à Lillebonne, détruit au cours des guerres de l'Indépen-

---

(1) Bérard. — *Les Phéniciens et l'Odyssée,* I, 68. C'est là une remarque qui pourrait s'appliquer plus près de nous.

dance et reconstruit par les vainqueurs, que se place l'emporium séquanien, alors capitale du *pagi* des Calètes.

Cette position, fort médiocre au point de vue militaire, était des plus heureuses sous le rapport commercial. Le fleuve suivait alors la courbure des falaises de Petiville à Radicatel et à Tancarville, baignant de ses eaux le pied des escarpements, vierges encore de toute alluvion. Presque au fond de la boucle s'ouvrait la coupure de Lillebonne, où se jette la petite rivière qui passe à Bolbec.

Après avoir doublé la côte du Mesnil, les navires venant de l'aval se trouvaient dans une anse bien abritée par des hauteurs d'une centaine de mètres ; leurs dimensions leur permettaient d'aborder devant la ville. On a retrouvé près du cirque un gros mur en pierre qui paraît avoir été l'un des quais de la Juliobona des premiers temps de l'occupation romaine.

En pente douce, la vallée s'enfonce dans l'intérieur, suivant une direction sensiblement Nord-Ouest. Tandis que la rive droite est presque partout abrupte, la rive gauche, au contraire, reçoit des vallées assez rapides, sans être pour cela très dures. Ce sont autant de couloirs par où les communications s'établissaient aisément avec le plateau et les campagnes cultivées des environs.

De l'autre côté de la Seine, autour de Quillebeuf, s'étendait un bras de mer, circonscrit par les falaises qui allaient de Sainte-Opportune à la Roque-sur-Risle.

Lillebonne, marché où arrivaient les produits d'une région agricole de tout temps florissante et les marchandises apportées de la Grande-Bretagne et des contrées ténébreuses de la Frise et du Jutland, ne jouissait pas seulement d'une position favorable à l'orée d'un grand fleuve ; ce n'était pas uniquement un de ces lieux de relâche et d'escale où jadis les navigateurs élevaient leurs autels tutélaires. C'était aussi un carrefour des grandes voies romaines, et à ce titre la ville était un centre actif d'où les transports pouvaient s'effectuer vers tous les points de l'horizon.

Dans le voisinage de son église actuelle aboutissaient les routes de l'Est et de l'Ouest, du Sud et du Nord. Si nous n'avions que cet indice pour apprécier l'importance passée de Lillebonne, il nous suffirait pour affirmer avec certitude qu'à cette croisée de chemins a dû exister une vivante et industrieuse agglomération humaine.

Par l'Est, descendait en droite ligne la grande route de l'isthme français, de Marseille et de Lyon à la Manche ; elle entrait dans notre pays par Mantes, poursuivait par Rouen et Caudebec, traversait Lillebonne en passant devant l'église, et continuait vers Harfleur, peut-être même jusqu'au Chef-de-Caux, où venait se souder un chemin plus modeste se dirigeant vers le Nord, puis vers le Nord-Est, le long de la falaise.

Du Sud, une autre route, venant de la Loire, arrivait sur la Seine à Aizier, où se trouvait un bac. De l'autre côté du fleuve, elle passait près du Théâtre et poussait au delà, par Fauville, Foucart, Grainville-la-Teinturière, etc., pour aboutir à Boulogne, le grand port militaire des Césars sur la Manche.

Indépendamment de ces deux grandes routes, il en existait une autre, qu'on peut rapprocher de nos chemins départementaux. Elle suivait le fond de la vallée, traversait Bolbec, Bréauté, Goderville, et dans les environs de Criquetot se divisait en trois branches : l'une allait à Fécamp, l'autre à Etretat, la troisième, par Criquetot, se rabattait sur Montivilliers.

C'étaient là les voies principales, mais il en existait d'autres, sentiers ou routes d'usage, pour la plupart contemporains des populations primitives. Grâce à un réseau si bien compris, Lillebonne collectait toutes les productions du pays de Caux et se trouvait en communication avec le reste du pays. La population était dense, les voyageurs, les richesses y affluaient ; les vestiges de son opulence, mis au jour depuis un siècle, nous en ont conservé d'éloquents et curieux témoignages.

La prospérité de Lillebonne eut la durée de la paix romaine. Quand l'anarchie ébranla l'Empire, elle devint une proie tentante pour les pillards. Vainement les habitants, abandonnant la plus grande partie de leurs foyers, édifièrent-ils une forteresse qui englobait l'ancien castellum, la butte du château et le théâtre. Cette fortification improvisée fut impuissante à les protéger contre l'avidité des Barbares. La fin tragique de la cité est inscrite dans ses débris calcinés. A l'entrée du Théâtre, dans un espace qui ne mesure pas quatre mètres carrés, on a trouvé, dans une couche de charbon et de cendres, trente-six de ces épingles en os ou en cuivre qui servaient à retenir les chevelures féminines.

Et l'on devine, à l'aide de ces frêles parures, l'effroyable panique qui se produisit dans ce qui restait de la population quand les assaillants, forçant son dernier retranchement, se précipitèrent à la poursuite des survivants, cherchant à fuir à travers les tourbillons de l'incendie déchaîné.

Lillebonne ne fut probablement pas le seul port de l'estuaire. Près de la vallée de la Lézarde, sur la hauteur du Mont-Caber, qui domine Harfleur à l'Est, s'élevait le Caracotinum mentionné dans l'itinéraire d'Antonin. Le peu de vestiges antiques qu'on y a recueilli atteste que cet endroit était loin d'égaler l'importance de Lillebonne.

Plus à l'Ouest, dans l'anse formée par l'avancement de la Hève, se trouvait Saint-Denis, dont le nom romain, s'il a existé, est inconnu. Ce pouvait n'être qu'un tout petit port de pêcheurs, mais peut-être tirait-il quelque avantage du fait de sa position à l'angle du pays de Caux et du vaste horizon qui se découvrait du sommet de la falaise. C'était une guette superbe, très propre à la surveillance de l'entrée de la Seine, et les eaux calmes abritées par le cap offraient un abri idéal pour une de ces stations navales que Rome entretenait de distance en distance, un lieu de repos où les navires trouvaient un asile.

Au surplus sa situation était favorable. Relié au haut pays par une vallée en pente très douce, qui longeait le ruisseau descendant d'Ignauval, il communiquait avec Harfleur par un, peut-être même par deux chemins, l'un sur le sommet de la côte, dans le voisinage duquel on a trouvé des sépultures par incinération, l'autre à la lisière de la plaine, recouverte alors d'une abondante végétation semi-aquatique.

Ces ports disparaissent en même temps. Les invasions, la période inorganique qui les accompagne et leur survit tarissent leurs ressources, détruisent leurs installations, anéantissent leur vitalité. Les populations apeurées s'éloignent des grandes routes, trop aisément parcourues par les maraudeurs et les bandits ; elles se réfugient dans des endroits moins accessibles. La culture est abandonnée, le commerce raréfié, le luxe banni.

La mer non plus n'est pas libre. Les flottes romaines qui

en assuraient la police ont disparu. La mer appartient pour des siècles à l'audace, à la violence. Les pirates saxons ravagent les côtes, puis s'y installent définitivement. Bientôt leurs émules normands promèneront la terreur et la dévastation dans tout le pays.

Conséquence inévitable, ce qui surnage de la civilisation s'éloigne du littoral, trop exposé aux insultes et aux descentes des bandes armées. A Lillebonne, où rôdent les loups, va succéder le chef-lieu de la seconde Lyonnaise. A 120 kilomètres de la mer, Rouen, la capitale de la Neustrie, protégé par le nombre de ses habitants et le prestige de ses évêques, l'antique Rothomagus, déjà à cette époque plus que millénaire, sera, jusqu'à la renaissance de Harfleur, le grand marché de cette partie de la France, et à peu près le seul port de la Basse-Seine.

LES PORTS DU MOYEN AGE

La période comprise entre l'écroulement de l'Empire romain et l'éphémère relèvement tenté par Charlemagne marque un temps d'arrêt dans le commerce national. Les voies anciennes semblent oubliées ; les routes, mal entretenues, malgré les nombreuses impositions dont on frappait les chariots, se prêtent mal à un roulage soutenu. Les péages multipliés, joints au peu de sûreté des campagnes, rendent les transports onéreux et dangereux. Au lieu des courants commerciaux actifs et réguliers des âges précédents, ce ne sont plus que des filets irréguliers et intermittents.

Les rois mérovingiens délaissèrent l'entrée de la Seine. Plutôt que de faire revivre Lillebonne, dont les monuments, à l'exemple de ce qui se produisit à Rome et ailleurs, allaient servir à l'édification d'églises et de monastères, ils établirent leur principal établissement maritime du Nord à Quantovic, près de Montreuil-sur-Mer, vers l'embouchure de la Canche, en un point éloigné des artères vitales qui seules en pouvaient justifier l'existence. Aussi, après sa destruction par les Normands, jamais plus, ni à cet endroit, ni aux environs, ne se forma un autre port important.

Pourtant, en ces temps troublés, Harfleur et le Chef-de-

Caux devaient avoir ressuscité de leurs ruines. Ce n'est qu'une hypothèse, car les textes sont muets sur cette époque, mais elle est plausible, puisqu'elle s'appuie sur cette particularité connue depuis longtemps que les vocables des paroisses les datent en quelque sorte.

Saint-Martin, par exemple, l'évêque thaumaturge, a donné son nom à beaucoup d'anciennes églises, les premières qui aient été élevées à la place des temples païens abattus. Or, Harfleur a précisément son église dédiée à l'évêque de Tours.

Une remarque analogue peut être faite pour le Chef-de-Caux. Son église est consacrée à l'apôtre des Gaules, Saint-Denis. On sait que la légende veut que la tête de ce martyr ait été portée par les flots sur ce rivage. Si cette tradition n'est pas apocryphe, il est possible que la première communauté chrétienne constituée vers le vme siècle dans ce coin reculé de la Gaule se soit souvenue de cette circonstance et se soit placée sous le patronage de ce saint.

Sanvic, qui s'étendait alors le long de la plage, dans la partie orientale de la baie, aurait également, d'après la tradition hagiographique, eu sa part de ces reliques. Son église est placée également sous le vocable de Saint-Denis.

Enfin, puisque cette question des origines religieuses se présente ici, il n'est pas superflu de rappeler qu'une autre tradition, rapportée par divers historiens, sans qu'on puisse discerner à quelles sources ils ont puisé, a conservé le souvenir d'un temple élevé au dieu national des Celtes, que les Romains assimilèrent à Mercure, l'Hermès grec, protecteur des marchands et des voleurs. Ce temple, on l'a mis un peu partout. N'aurait-il pas été placé à l'endroit qu'occupe maintenant, et cela depuis plus de quatre siècles, la petite chapelle de la rue de Montivilliers, église paroissiale de Saint-Michel d'Ingouville jusqu'à la Révolution ?

Ce qui peut appuyer cette hypothèse, et je ne me dissimule en aucune manière la fragilité de l'argumentation, c'est que les mythologues modernes inclinent à penser que les églises anciennes, mises sous la protection du chef des milices célestes, recouvrent souvent des temples consacrés à Mercure. Si cette substitution pouvait être établie, on aurait des raisons de placer l'origine de cette paroisse dans un lointain fort reculé. Après les ravages des invasions germaniques, un noyau de population se serait reformé, blotti à l'ombre de l'édifice où le vainqueur du prince des ténèbres aurait remplacé le messager de Zeus.

En tout cas, si ces trois agglomérations ont recouvré, au VIIIme et au IXme siècles, quelque importance, ce ne fut que d'une manière momentanée. La tranquillité carolingienne est de courte durée et les incursions normandes n'ont pas dû les épargner. Dès 820, six ans après la mort du grand Empereur à la barbe fleurie, treize bateaux partis de la Scandinavie apparaissent dans l'estuaire. La solide armature forgée par Charlemagne afin de couvrir les côtes de son immense empire subsistait encore. Pour les Normands l'heure n'était pas sonnée. Leur débarquement fut repoussé.

C'était là le premier contact de la Neustrie avec les hommes du Nord. Les suivants devaient être plus rudes. A la faveur de la désorganisation croissante qui préparait le morcellement féodal, les Normands remontent les fleuves, s'installent dans les îles, dont ils font leur quartier général. Ils s'y reposent de leurs courses au milieu des richesses arrachées aux monastères et aux villes, s'unissent « à la normande » avec les belles esclaves qu'ils ont enlevées ; puis, la saison propice revenue, ils repartent en quête d'aventures.

A la fin du IXme siècle, les arrivées des pirates se multiplient. Ce ne sont plus de simples bandes qui viennent, tels des vols de sauterelles, s'abattre sur le pays, mais des expéditions bien préparées et mûrement concertées, des armées de 700 barques, comme celle qui échoua devant l'héroïque résistance des Parisiens.

La Seine était toujours, ainsi qu'en des temps plus pacifiques, la grande voie de pénétration du Nord de la Gaule ; les Normands la remontaient jusqu'en Bourgogne. Quand, gorgés de butin, ils se retiraient ou qu'un échec les contraignait à se replier, ils trouvaient toujours des endroits fortifiés et sûrs pour y installer leurs repaires.

En 896—898, ils semblent avoir leur principal refuge dans nos environs. Le choix était judicieux. Soit sur le Chef-de-Caux, véritable sentinelle maritime facile à isoler du plateau, soit peut-être sur le versant méridional d'Ingouville, ou dans une île située sur les limites de la plaine de Leure, ils pouvaient sans crainte hiverner, admirablement placés sur la mer, le fleuve et la terre. Il leur était aisé de communiquer avec leurs compatriotes, d'en recevoir des renforts, de leur envoyer l'excédent de leurs rapines et de fondre à l'improviste sur des populations mal gardées (1).

On ne peut songer à trouver à cette époque un port important dans nos régions. A quel besoin eut-il répondu quand sur les mers, « ce grand chemin des audacieux », pullulaient les forbans, et que le commerce par terre était soumis à de telles incertitudes qu'un transport quelconque équivalait à une expédition militaire ?

La navigation normande ne pouvait reprendre qu'avec le retour de l'ordre ; les ducs normands l'imposèrent. C'est alors que renaissent de leurs cendres Harfleur et le Chef-de-Caux ; bientôt après apparaît Leure.

Les débuts furent modestes. Richard II donna à l'abbaye de Montivilliers le port de Harfleur et les droits qui s'y percevaient. Elle le garda jusqu'au milieu du XIIIme siècle.

La principale ressource de ce port et de Leure consistait primitivement dans leurs salines ; elles étaient en pleine exploitation dès 1050. Toutefois le commerce maritime

---

(1) Nulle part en France autant que dans le pays de Caux les Normands n'ont laissé de traces linguistiques aussi considérables de leur établissement. Les noms de lieu en *bec*, en *tot*, en *mare*, en *dal*, si caractéristiques de leur langage, s'y rencontrent serrés les uns contre les autres. M. Prentout, dans son *Essai sur les origines et la fondation du duché de Normandie*, Caen, 1911, in-8°, p. 256-257, en a fait la remarque, que je lui emprunte. Dans la région havraise ils attestent encore la puissance de l'apport scandinave. Le mot havre lui-même dérive de l'un des idiomes nordiques, *höfn* norois, *hafen* ancien saxon, *haven* néerlandais, *havn* danois. Le Hoc, du danois *huk*, pointe de terre, petit promontoire, en est aussi un témoignage. C'en est un également que le nom de Sanvic, commune aujourd'hui située sur le plateau, mais qui, jusqu'en 1852, s'étendait le long de la plage, atteignant le boulevard de Strasbourg ; son nom provient de *sand*, sable en anglais, en allemand et dans toutes les langues scandinaves, et de *vic*, en norois *vik*, petite anse, ce qui s'accorde parfaitement avec la topographie de la partie maritime de Sanvic au moyen âge. L'actuelle désignation du cap de la Hève n'est qu'un doublet du *caput caleti*, chef ou tête de Caux ; l'équivalent est en norois *höfudh*, en danois *hoved*, —l'o scandinave ayant la valeur phonétique de eu en français, — dont la signification est tête. Enfin, sans insister plus qu'il ne convient sur ce problème délicat de l'étymologie des noms de lieu, on peut rappeler que le mot norois *öyr*, alluvion, se prononce *eure*, que *graess*, pâturages, semble avoir été le radical de Graville et même l'origine de Grâce, et que, dans la plaine de Leure, les terres du Hommet se rattachent peut-être à un stade ancien de la région ; hommet, diminutif de homme, en norois *hoimr*, veut dire île. Voir à ce sujet, outre l'ouvrage connu de Depping, celui de Prentout, et Ch. Joret, *Les noms de lieu d'origine non romane et la colonisation germanique et scandinave en Normandie*, Rouen, 1913, in-4; F. Acher, *Sanvic, Sandouville, Oudalle*, dans le *Recueil des publications de la Société Havraise d'Etudes diverses*, 1908, p. 461-464, et une intéressante lettre de M. André Hofgaard à ce propos dans le même *Recueil*, 1911, p. 306-309.

ne prend de l'extension qu'après la conquête de l'Angleterre, quand les deux rives de la Manche sont réunies sous la même autorité. Le mouvement commencé, ses progrès sont rapides ; la réunion de la Normandie à la France ne peut les enrayer.

Les années qui suivirent l'avènement de Saint-Louis, et jusqu'aux premières hostilités de la guerre de Cent ans, sont, pour les ports de l'estuaire, le point de départ d'un développement et d'une activité qui rappellent les années les plus prospères de l'antiquité. Ce n'est plus la paix romaine qui facilite les transactions, assure la sécurité sur les mers comme le long des routes, répand les goûts de confort et de luxe chez les particuliers, c'est la paix capétienne. Au sortir de l'anarchie féodale, à la veille d'effroyables calamités, s'étend ce mouvement si grand dans le commerce, dans les arts, dans les lettres, qu'on a justement appelé la Renaissance du XIIIme siècle.

Le trafic ne consiste plus uniquement à recevoir sans rien donner de nos produits : nous commençons à exporter. Les campagnes, purgées des bandes de routiers, permettent au laboureur de travailler sans la préoccupation angoissante du lendemain ; les villes débordent de leurs enceintes, s'étendent en de vastes faubourgs ; les habitations isolées se multiplient au milieu d'exploitations agricoles bien entretenues ; les masures, hier encore renfrognées et maussades, s'ouvrent largement à l'air et au soleil.

C'est là un symptôme qui ne trompe pas que cette dissémination des habitations hors de toute protection. C'est que les routes n'ont plus d'embûches, que les attentats sont réprimés, que les agents du Roi sont respectés et obéis.

Entre toutes les provinces du domaine royal, la Normandie fut une des premières à participer à ce réveil. Déjà la forte main de ses ducs l'y avait préparée. Elle retrouve ses habitudes de travail ; sa terre se couvre d'abondantes moissons, dont le trop plein va se déverser par le port médiéval, qui remplit, à dix siècles de distance, le rôle autrefois assumé par Lillebonne.

La grande prospérité de Harfleur date du premier de nos souverains modernes, de Philippe-le-Bel. La plus grosse partie de ses transactions se faisait avec les Flandres, l'Angleterre, mais principalement avec la péninsule ibérique. Les marins d'Aragon, des Baléares, du Portugal, les marchands de Castille et de Lombardie apportaient les produits méditerranéens ; ils emportaient en retour des grains, des bois, les draps de Montivilliers, les cuirs des environs, les marchandises descendues de la Seine ou celles que les hourques flamandes venaient entreposer.

Déjà on connaissait l'art d'attirer la marchandise et de retenir les marchands. Contrairement à ce qui s'est trop souvent produit par la suite, on s'efforçait de diminuer les charges des ports, de faciliter les manutentions, d'encourager les étrangers par toutes sortes d'avantages. Les privilèges concédés à cette intention finirent même par faire de Harfleur et de ses annexes un véritable port franc.

Par là se traduit l'intérêt capital que le gouvernement capétien attacha au commerce maritime. Il l'aida de toutes manières, convaincu de travailler pour le bien général du pays.

Voyons donc brièvement la succession de ces mesures. En 1309, Philippe-le-Bel accorde aux Portugais le droit de peser au poids de la ville sans payer aucune taxe. Pour l'intelligence de cette concession, il est utile de savoir qu'il était interdit à tout marchand de peser chez lui au delà d'un poids de 25 livres, toute marchandise d'un poids supérieur devant être portée au poids royal, moyennant l'acquit d'un droit spécial. Les marchandises débarquées sur les rivages de la Seine ou dans le havre de Leure devaient être livrées à Harfleur par les bateliers, en respectant les conventions intervenues. Le prévôt de la ville était obligé de fournir des lamaneurs suivant les besoins. Enfin le Roi voulait que le port soit entretenu de façon que les navires et leurs cargaisons puissent accéder sans danger et sans payer de contribution.

Ces privilèges furent confirmés et étendus par Philippe VI en 1341. Les marchands portugais étaient exempts des coutumes et des dîmes. Le bailli de Caux devait leur fournir, sous réserve d'une location raisonnable, les maisons et les magasins qui leur étaient nécessaires pour eux et leurs biens. Les quais devaient être mis en état pour qu'ils puissent y décharger de jour comme de nuit. Les maîtres de navires ne pouvaient être rendus responsables des dettes de leurs matelots.

Harfleur devenait un port franc ; c'était même plutôt un

port espagnol. Les Castillans, nom générique qui désigne alors tous les Méridionaux, y sont chez eux ; ils sont jugés par leurs pairs, deux prud'hommes de leur nation. En temps de guerre, on ne peut saisir leurs biens ; s'ils donnent caution, on ne peut les mettre en prison. Ils ont même le droit, et ceci à cette époque de ferveur religieuse est tout à fait caractéristique, d'opérer le déchargement de leurs navires les dimanches et fêtes.

Evidemment, des faveurs aussi exorbitantes n'étaient pas du goût de tout le monde. Les marchands rouennais, que la concurrence gênait, entreprirent de les faire restreindre. Ce fut en vain, et nos rois continuèrent à encourager largement les marchands ibériques.

Ce n'était pas seul le grand cabotage qui alimentait l'activité de Harfleur. Entre les deux rives de la Seine existaient des relations régulières. Des bateaux passagers circulaient continuellement entre Honfleur, les ports du Sud, et Leure, Harfleur et la crique de Graville.

Philippe-le-Bel n'avait pas restreint sa sollicitude aux franchises commerciales. Le premier de nos rois, il eut conscience de l'importance de la marine de guerre pour garantir la paix et conduire les guerres. Afin de ne pas dépendre de ses alliés en cas de conflit maritime, il résolut d'avoir une flotte bien à lui, construite dans nos ports, montée par nos marins, toujours prête à prendre la mer.

Philippe-le-Bel conçût de vastes projets. S'il n'eût pas, comme tant d'autres, le loisir et la possibilité de les mener à bien, il ne faut pas cependant lui en contester la paternité. On connaît son œuvre intérieure, très diversement appréciée. On sait qu'elle se souda avec son action religieuse, et que le premier il sût faire plier devant la puissance royale l'omnipotence de la papauté. Ce que l'on sait moins, c'est qu'il eût, à un degré singulier, la claire perception des causes de la prospérité britannique. Pour l'atteindre, il recourut à un moyen que Napoléon, six siècles plus tard, devait reprendre : à l'Angleterre, manufacturière et commerçante, il voulut fermer les ports continentaux, et particulièrement ceux des Flandres.

Il échoua, mais là ne s'étaient pas bornés les préparatifs vigilants de ce roi qui sentait l'orage s'amonceler de l'autre côté de la Manche. Non content d'avoir établi en 1294, à

Rouen, le premier arsenal maritime français, il voulut avoir sur la mer une base de ravitaillement, un port bien outillé, où put se faire l'armement et la concentration de ses escadres. A partir de son règne, c'est à Harfleur que se rassemblent nos flottes ; c'est de là qu'elles partent pour ravager le littoral anglais ; c'est tout près, à Leure, qu'en 1338, huit ans avant Crécy, tonnera pour la première fois sur mer l'artillerie à feu.

Harfleur, à ce moment, est le souverain port de la Normandie, aussi bien au point de vue commercial que sous le rapport militaire. Il a un avant-port, Leure, où s'arrêtent les navires d'un trop grand tirant d'eau, un arrière-port, la crique de Graville. Il a même une succursale fluviale à Montivilliers et un port d'escale au Chef-de-Caux, abrité par le renflement de la Hève. Au-dessus des marais, la route du Port-aux-Bateaux va directement de Harfleur aux rampes de la plage Ouest.

C'était donc un organisme maritime complet, doté de tous les perfectionnements connus, qui s'était formé à l'estuaire de la Seine, et dont les dépendances, habitations, magasins, cultures, s'étendaient à tout le territoire occupé aujourd'hui par le Havre. Il n'est donc pas surprenant qu'il ait retenu l'attention du pouvoir royal, surtout si l'on considère qu'il commandait l'entrée du seul fleuve dont l'embouchure était alors vraiment française.

Ces bonnes dispositions se continuèrent par la suite et pour les mêmes motifs. L'ordonnance de 1382 désignait Harfleur sur la Seine, comme les Ponts-de-Cé sur la Loire, pour servir d'entrepôt général à tous les marchands de sel. Celle d'août 1364, en même temps qu'elle ordonnait des travaux à Leure et accordait des immunités aux navires de Castille, prescrivait que le feu du Grouing-de-Caux, qui jusqu'alors n'avait été allumé qu'en temps de guerre, le serait désormais en tous temps, afin, dit Charles V, que « les nefs et navires qui venront au port de Harefleu et ailleurs, puissent venir sûrement, et pour aviser leur chemin et adresse » (1).

(1) Ce feu n'était jusqu'alors allumé que pendant la guerre. Un mandement du 10 octobre 1349, émanant de Jean II, ordonnait d'allumer, « les feuz sur les porz en la manière accoutumée en temps de guerre ». L'année suivante, le vicomte de Montivilliers établissait : « III fouiers, ch'est assavoir au Chief de Caux à Englesqueville (paroisse d'Octeville) et à Fescamp pour la seureté du païs ».

Si éloquents que soient ces documents, nous avons d'autres témoignages qui attestent à la fois la réputation de Harfleur, l'intensité et la variété de son trafic. Voici ce qu'en dit un Espagnol, Pedro Nino, qui avait rallié en 1405 la flotte castillane de 40 vaisseaux envoyée pour secourir le roi et le duché de Bretagne : « La ville d'Harfleur est belle et possède un bon port de haute mer. Les navires y entrent par l'embouchure d'une rivière qui la traverse, et la mer en enveloppe la moitié ; l'autre côté est couvert par une bonne muraille flanquée de fortes tours et par un fossé à escarpes maçonnées et rempli d'eau. Les portes sont doubles, précédées de ponts-levis et chacune est placée entre deux tours. Cette ville est toujours bien approvisionnée ; elle fait un riche commerce et fabrique de beaux draps. »

Ce commerce, nous le connaissons dans son étendue et dans ses détails par un document de premier ordre : c'est le livre des acquits et coutumes de la prévôté de Harfleur, autrement dit le tarif des droits que les voyageurs et les marchandises devaient acquitter en y entrant. Il est de 1387, c'est-à-dire qu'il coïncide avec l'apogée du trafic harfleurais.

A ce titre, il est intéressant d'y jeter un coup d'œil. J'emprunte les renseignements suivants à la copie de ce livre qui existe dans les archives du Havre depuis 1530.

Au nombre des marchandises sujettes aux droits sont mentionnées la cire, la graisse d'Espagne, le poivre, la graine d'écarlate, l'alun, la garance, le bois de teinture rouge, auquel le Brésil dut son nom et qui était alors tiré de l'Afrique ; on y trouve encore la soie, le vif argent, les huiles de baleine et de marsouin, les fanons, l'ivoire, le cèdre, le duvet, la pierre ponce, l'éponge, les figues, les dattes, etc. Les fourrures et les cuirs faisaient aussi l'objet de plusieurs articles, tels que les peaux d'Espagne, de menu vair, de gris, d'écureuils, de chevreaux, de martres, de chamois, de castors, des cuirs de Cordouan, etc.

C'est l'époque où Harfleur atteint le plus haut degré de son opulence. La ville comptait plus de 10.000 habitants ; elle concentrait tout le commerce de la région. Elle était le port de débarquement de la puissante ghilde rouennaise pour tous les navires que leur tirant d'eau empêchait de remonter le fleuve. Sur ses quais, dans ses rues, dans ses comptoirs, tous les peuples se coudoyaient ; ses marchands, ses marins parcouraient les mers, des fjords norvégiens aux rivages portugais et liguriens. Quand une guerre éclatait, ils se muaient de suite en corsaires. Il leur arriva de partir au nombre de 400 s'emparer d'un riche convoi anglais. Ils y trouvèrent une telle quantité d'or, d'argent et d'étoffes de soie qu'on les voyait éclipser tous les habitants du royaume par leur luxe et leur train magnifique.

Grand port de commerce, le couple Harfleur-Leure était largement mis à contribution pour les armements militaires. Dans la flotte recrutée en 1295, Leure, Harfleur et le Chef-de-Caux équipaient 45 vaisseaux (y compris les nefs étrangères), c'est-à-dire presque autant que Dieppe, qui tenait la tête avec 46 vaisseaux (1).

Près d'un demi-siècle plus tard, en 1340, le rôle et l'importance des ports de la rive droite de l'estuaire avaient considérablement grandi ; il y a là le résultat des encouragements du gouvernement et du développement de la marine cauchoise.

En 1340, sous le commandement de Hue Quiéret, « admiral de la mer », une flotte de 202 navires, portant plus de 20.000 hommes, se trouva réunie à l'embouchure de la Seine. A cette armada le Chef-de-Caux avait contribué pour 4 nefs montées de 340 hommes, Harfleur pour 9 avec 800 hommes et Leure pour 31, plus trois galères, une barge et 7 nefs appartenant au Roi, soit 42 bâtiments avec 4.760 hommes.

Au total, la part de ces trois ports, aujourd'hui remplacés par le Havre, s'élevait à 55 navires, dont quelques-uns, la *Cécile*, la *Sainte-Marie-Rose*, la *Catherine*, le *Beaurepaire*, avaient un tonnage de 220 tonneaux ; la *Riche*, commandée par Guillaume de Grosmesnil, qui devait se couvrir de gloire à la néfaste bataille de l'Ecluse, où allaient sombrer les espoirs de Philippe VI, possédait un déplacement plus fort encore.

C'est à Harfleur qu'aborda en 1405 Jean de Béthencourt, parti de Dieppe trois ans auparavant. Il venait des îles Canaries, dont il offrit la souveraineté à Charles VI, moyennant un peu d'aide. Ayant essuyé un refus, il s'adressa à Henri de Castille, qui lui concéda la vice-royauté de l'archipel. Il recruta alors des émigrants dans le pays, parmi ses tenanciers,

(1) Ch. de La Roncière. *Hist. de la Marine française*, I, p. 339.

et repartit de Harfleur avec deux vaisseaux chargés de vivres, emportant quatre-vingts hommes d'armes, un grand nombre d'artisans et plusieurs femmes. Il subsiste peut-être encore, dans ces débris de la mythique Atlantide, un peu du sang cauchois importé par le seigneur de Grainville-la-Teinturière.

Ces armements, tant militaires qu'au commerce, avaient répandu dans la contrée une aisance qu'attestent, au hasard des fouilles, les trop rares vestiges qui ont résisté aux multiples causes de destruction. A Leure, hameau misérable au XIXme siècle, on a retrouvé, indépendamment de pierres tombales de beau style, une quantité de carrelages ornementés, des restes de fortifications et d'ouvrages maritimes.

Cette prospérité était pourtant très menacée. Les alternatives de victoires et de revers de la guerre de Cent ans avaient jusqu'alors peu affecté Harfleur, abritée derrière ses murailles. Les pertes éprouvées au cours des hostilités étaient compensées par la course effrénée à laquelle se livraient ses marins. Par contre, les déprédations anglaises avaient fait le désert entre la ville et la mer. Leure, en partie ruinée par les Navarrais en 1360, l'avait été de fond en comble neuf ans plus tard par le duc de Lancastre.

Dans cette dernière expédition, les Anglais avaient saccagé l'église du Chef-de-Caux, violé les tombeaux, tué la plupart des habitants. Là, il est vrai, la rage de l'homme n'avait fait que devancer de peu l'œuvre dévastatrice de la mer.

Ces attaques répétées et impunies, l'audace croissante de nos adversaires, faisaient présager un avenir bien sombre. Depuis longtemps la marée britannique battait impuissante le port souverain de la Normandie ; une dernière tempête allait le submerger.

Le 13 août 1415, Henri V d'Angleterre arrivait au Chef-de-Caux avec une flotte de 1.400 navires. Il mit le siège devant Harfleur qui, à bout de ressources, dût se rendre à discrétion. Le chartrier de la ville fut brûlé publiquement et 1.600 familles, chassées par un vainqueur impitoyable, prirent le chemin de l'exil.

Certes, la Normandie avait connu bien des infortunes ; elle avait subi bien des jougs, mais jamais elle n'avait traversé pareille épreuve. La sédentarité habituelle de nos campagnes et de nos villes disparaît ; les habitants, ceux du moins qui pouvaient le faire, s'efforcent de gagner des régions plus tranquilles. Vingt-cinq mille ménages se réfugient en Bretagne, où ils portent l'industrie de la draperie ; d'autres prennent le chemin de la Picardie, poussent plus loin encore, jusqu'à Cologne. Dans presque tous les villages, des habitants, dit un document de l'époque, les uns sont morts, les autres fugitifs et sont allés demeurer en divers et lointains pays, l'on ne sait où !

Mais la guerre est un accident. Ainsi que des fourmis dont on a défoncé les galeries souterraines, à la paix nos populations laborieuses se remettent au travail. Et c'est alors sur le sol de France une poussée fébrile pour recréer les foyers détruits. Harfleur ne fut pas des dernières à prendre sa part dans cette renaissance. En quelques années son port avait recouvré sa vitalité, les relations étaient reprises, les quais encombrés des marchandises les plus diverses : vins de France, d'Espagne et de Grèce, huiles et poissons de la Grande-Bretagne, de Hollande et d'Allemagne, sels, cuirs, savons, fruits, fourrures, étoffes et teintures d'Espagne, d'Italie, de Turquie, etc., tout ce qui se vend, tout ce qu'on échange, tout ce qui est matière à trafic s'accumulait à Harfleur, redevenu l'emporium du commerce maritime français, le port de Rouen et de Paris.

Cet éclat, ce degré de richesse dont témoigne encore sa splendide église inachevée, c'est la lueur suprême de la lampe qui s'éteint, car Harfleur se débat contre un ennemi que nulle puissance humaine ne peut arrêter.

Toute l'histoire de Harfleur, depuis que son port apparaît au premier plan, est remplie du récit de la lutte soutenue par ses citoyens pour le garantir de l'envasement. Les paroissiens du voisinage sont assujettis à des corvées pour enlever les vases au travers desquelles se perd la Lézarde. Ils creusent en 1299 une tranchée pour lui donner un cours direct à la mer. Devant les réclamations de Leure, le Parlement de Paris la fait combler. Puis ce sont d'incessants travaux de fascinage et de protection, des écluses que l'on construit, des quais que l'on prolonge, et tout cela à peu près en vain, car alors la mer est plus forte que l'homme et rien ne peut résister à sa lente et inexorable patience.

Toutefois cette ténacité eût pu triompher des éléments, tout au moins retarder leur succès, si l'état des lieux ne se fût gravement modifié dans la seconde moitié du XIVme siècle.

Jusqu'alors le « crot » ou pointe du Hoc s'arrêtait à mi-chemin entre Leure et les Neiges. Le soigneux entretien de la Lézarde neutralisait à peu près l'apport quotidien des galets et des sables. Le chenal, avec des variations dans sa direction, se maintenait libre, et si les gros bâtiments ne pouvaient toujours venir s'amarrer au clos des galées de Harfleur, ou décharger leurs cargaisons dans son port de commerce, la profondeur et la commodité de l'avant-port de Leure y suppléaient en partie.

Malheureusement, l'accessibilité de ces deux ports dépendait de la protection que leur donnait la Hève, beaucoup plus avancée au Sud qu'aujourd'hui. Des siècles et des siècles s'étaient écoulés depuis que la mer avait commencé son œuvre destructive. Peu à peu la falaise avait reculé, laissant de place en place des points plus résistants, qui subsistent encore sous les noms de bancs de l'Eclat, des hauts de la rade, de banc d'Anfard.

Directement exposé à la percussion des lames, dilué à sa base par les eaux pluviales glissant sur les argiles kimméridgiennes, le haut promontoire du Chef-de-Caux s'écroulait de temps en temps. Le cône de débris formé à chaque éboulement était malaxé, émietté, emporté par les vagues. La falaise, privée de ce contrefort accidentel, était laissée sans défense à la double attaque des eaux du ciel et des eaux de la mer, et bientôt une nouvelle avalanche se produisait.

Combien de temps dura ce duel entre la terre et la mer ? C'est ce qu'on ne peut évaluer. Mais une transformation profonde de la plaine havraise en fut la conséquence. A chaque retrait de la falaise correspondait un recul du littoral et une extension du cordon de galets. Des fissures se produisaient dans le terrain tourbeux, des ruisselets élargis formaient des criques, des irruptions de la mer changeaient de vastes espaces en marécages et en nappes d'eaux stagnantes.

Enfin, la catastrophe finale se produisit. Elle peut être placée entre 1369 et 1373. L'église et le cimetière de Saint-Denis Chef-de-Caux furent emportés par la mer. Une masse énorme de matériaux prolongea le cap un moment et rejeta au Sud le courant côtier.

Pour peu de temps, hélas ! La mer reprit ces roches sans cohésion, les broya, les poussa à l'Est, allongea la pointe du Hoc, vint combler les ports de Leure et de Harfleur. Puis, comme son action s'exerçait désormais d'une façon plus efficace, elle s'ouvrit des brèches dans le galet, morcela la plaine, étendit jusqu'au pied du côteau ses indentations, creusa et agrandit les criques, en fit des abris de pêcheurs, y pratiqua des ramifications dont la trace est visible encore, puisqu'elles ont été les amorces du port du Havre et de ses bassins.

Harfleur s'était maintenu malgré les guerres ; il avait survécu aux ravages de l'invasion anglaise. Ces désastres avaient fait fléchir son activité et diminué l'intensité de son commerce ; ils avaient été incapables d'annuler les avantages de sa position géographique. Mais ce n'était plus l'homme qui se dressait, hostile, devant Harfleur. A l'étreinte des sables et des galets, l'intelligence humaine n'avait pas trouvé de remède. A l'instant où Colomb découvrait un nouveau continent, alors que l'Océan s'ouvrait, plein de promesses et d'espoirs, à ces croisés aventureux que seront les conquistadors, le grand port médiéval normand, l'arsenal de Philippe-le-Bel et de Charles-le-Sage, se mourait.

A cette heure décisive, la France se trouvait sans port utilisable sur la Manche. Le sort de Harfleur menaçait également Honfleur, de l'autre côté de l'estuaire. Cette cité, un moment l'équivalent pour nos marins de Séville pour l'Espagne et de Lisbonne pour le Portugal (1), était à son tour envahie par les sables. Les gros navires devaient mouiller devant Villerville, au risque d'être jetés à la côte par la tempête ou de devenir la proie d'un ennemi audacieux. Le bassin parisien, et par voie de conséquence tout l'Est de la France, la capitale, l'agglomération rouennaise alors à son apogée, n'avaient plus au débouché du fleuve, le havre sûr et bien disposé nécessaire au pays.

---

(1) Ch. de La Roncière, *ibid*, III, 130-131.

LA FONDATION DU HAVRE (1).

La décadence de Harfleur préoccupait depuis longtemps le pouvoir royal. Déjà, sous Charles VII, une commission du Grand Conseil, accompagnée d'experts, avait inspecté les anses et les estuaires de Normandie sans trouver d'emplacements satisfaisants (2).

En janvier 1477, le général de Savoie et le lieutenant-général du bailli de Caux furent chargés par Louis XI d'une mission analogue, quoique plus limitée dans le champ de ses recherches. Ces commissaires étaient accompagnés de deux peintres, Jehan Robert et Jehan Morel, qui devaient dresser le plan de la côte « depuis le Chief-de-Caux jusques à Tancarville, et même celle de Honnefleu, ensemble la rivière de Seine, pour la porter devers le Roi » (3).

D'autres soucis absorbaient le rude forgeron de l'unité nationale. Il vint cependant un moment où la situation intolérable faite au commerce maritime, particulièrement à celui de Rouen, souleva de vives réclamations. Le 9 mai 1515, à l'assemblée des Etats de Normandie, l'avocat Nicolas Caradas proposait que les Etats fissent au Roi la demande d'un bon port soit à Harfleur, soit à Honfleur, soit à tout autre endroit pour la garde des navires.

Ce vœu fut-il transmis à François Ier ? On l'ignore. C'était en tout cas la première proposition précise présentée par les intéressés. Elle n'allait pas tarder à recevoir satisfaction, avec plus d'ampleur même qu'on ne pouvait le penser.

Il est malaisé de déterminer à qui revient l'honneur d'avoir distingué et choisi l'emplacement du Havre. A en juger d'après les termes de la Commission transcrite plus loin, le Roi avait fait au préalable procéder à une enquête le long de la côte de Normandie et spécialement du pays de Caux, afin de rechercher un lieu sûr et convenable. Bonnivet « et

---

(1) Cette brève étude n'a d'autre prétention que de retracer les tout premiers commencements du Havre. Aussi s'arrête-t-elle à 1518, au moment où le port, bien qu'encore à l'état embryonnaire, peut être utilisé par les bâtiments de haute mer.

(2) Ch. de La Roncière, *ibid*, II, 537.

(3) Dumont et Léger. — *Histoire de la ville d'Harfleur*. — Rouen, 1868, in-8°, p. 57.

autres notables personnages en ce expérimentés et entendus » auraient désigné le lieu de Grasse comme le plus propre et le plus aisé de ladite côte et pays de Caux.

Bonnivet figure ici en sa qualité d'amiral. Sa compétence devait être fort limitée en une matière aussi technique. Il ne devait cette charge, source abondante de revenus, qu'à l'affection du Roi ; ce n'était qu'un courtisan et non un marin. Il montra à Pavie qu'il n'était guère meilleur capitaine. Son avis, s'il eut même à en exprimer, dut être de fort peu de poids dans l'examen des points du littoral susceptibles d'être utilisés.

Mais, au-dessous de lui se trouvait un marin de vieille expérience, Guyon Le Roy, seigneur du Chillou, qui avait appris son métier sur les nefs royales de Louis XI, servi avec honneur pendant l'expédition de Naples, sous Charles VIII, avec éclat sous le règne de Louis XII, où il avait défendu Gênes, et obtenu du Roi, pour sa campagne de 1513 sur les côtes de Bretagne, une commission de lieutenant-général et chef de l'armée de la mer.

Nommé vice-amiral de France en 1514, Guyon Le Roy était alors capitaine de Honfleur.

Cette double fonction le désignait d'une façon spéciale pour diriger les commissaires royaux. Témoin attristé de l'envasement progressif de Honfleur, il avait attiré l'attention du Roi sur la déplorable situation où se trouvaient les bâtiments de la marine de guerre désarmés dans ce port, et notamment la nef amirale, la *Loyse*, qu'il avait commandée à plusieurs reprises. Ce fut pour aviser aux moyens de la faire sortir de Honfleur « et la faire conduire en lieu de seureté où elle puisse continuellement flocter de toutes marées », que François Ier, par mandement du 27 janvier 1517, prescrivait à Jehan Lalemant, receveur général des finances en Normandie, de fournir au vice-amiral les deniers qui lui seraient nécessaires.

Dans cet acte, le Roi déclarait qu'il avait ordonné à Guyon Le Roy « se transporter pour aucune noz affaires en nostre pays et duché de Normandie ». Il n'est pas téméraire d'avancer qu'au nombre de ces affaires devait se trouver le choix du lieu propre à remplacer Harfleur.

D'ailleurs, le rôle prépondérant de ce personnage se révèle nettement dans une lettre qu'il écrivait le 22 février 1517 à Jehan de Saint-Maars, vicomte de Blosseville, capitaine de Caudebec et de la côte de Normandie. « Le Roi, dit-il, m'a envoyé une commission pour faire construire et édifier un havre au pays de Caux, nommé le havre de Grasse, auquel lieu je me suis transporté avec plusieurs personnes, et j'en ai fait faire le devis que jé envoyé au Roi, et, icelui vu, ledit seigneur Roi veut que incontinent on besongne audit havre. »

Ainsi que l'a judicieusement remarqué M. Alphonse Martin, l'historien qui s'est consacré avec tant de dévouement à l'étude des origines du Havre, de pareilles démarches, enquête sur place, confection du devis, envoi au Roi, examen et renvoi après approbation, exigeaient des délais incompatibles avec le peu de temps écoulé entre la date de cette lettre et celle de la Commission ci-après. Il paraît incontestable que, grâce aux soins de Guyon Le Roy, l'affaire était bien mûrie, que le projet, ou l'avant-projet, était arrêté dans ses lignes essentielles lorsque, le 7 février 1517, François Ier, entrant dans la phase d'exécution, attribuait à Bonnivet les pouvoirs suffisants pour conduire l'entreprise.

Cette Commission, véritable acte de naissance du port, la voici :

Françoys, par la grâce de Dieu, Roy de France, à nostre amé et féal conseiller, chambellan et chevalier de nostre ordre, le Sr de Bonnyvet, admiral de France, salut et dilection : comme pour tenir en seureté les navires et vaissaulx de nous et noz subjectz navigans sur la mer Occéane, ayons fait sercher en la coste de Normandie et pays de Caux lieu seur et convenable et nous ayant esté rapporté par vous et notables personnaiges en ce experimentez et entenduz que le lieu de Grasse soit le plus propre et le plus aisé de lad. coste et pays de Caux, à faire havre auquel lesd. navires et vaisseaulx puissent aisément arriver et seurement séjourner et faire faire led. havre en la forme qu'il appartient, soit besoing commectre et depputer quelque prudent et notable personnaige en ce congnoissant et en qui ayons totalle seureté et fiance, savoir vous faisons que nous ce considéré, confians à plain de voz sens, prudence, expérience et bonne diligence, vous avons pour ces causes et autres considéracions à ce nous mouvans, commis, ordonné et depputé, commectons, ordonnons et depputons commissaire général pour la construction dud. havre et fortifficacion nécessaire pour la seureté d'icelluy par ces présentes, par lesquelles et de nostre plaine puissance et auctorité royal, vous avons donné et donnons plain pouvoir et auctorité de faire construire led. havre et fortifficacion au lieu de Grasse aud. pays de Caux et pour icelle construction ordonner ou faire ordonner par celuy que y commectrez en vostre absence toutes les choses qui seront requises et nécessaires, de prendre ou faire prendre boys et toutes autres choses convenables pour la construction dud. havre en tous les lieux que les trouverez à prix raisonnable, de y faire venir besoigner tous nos subgectz des vicontez de Monstivillier, de Caudebec et autres plus prouchains voisins dudit lieu de Grasse par chacun chief de maison une foiz le moyz, mesmement que c'est le bien de la chose publique, et les y contraindre par toutes voyes deues et raisonnables, nonobstant opposicions ou appelacions, clameur de haro ou doléances quelzconques et pareillement de ordonner ou faire ordonner par vostred. commis à celuy qui par nous sera commis à tenir le compte et faire les payements des fraiz qu'il conviendra faire pour la construction dud. havre, bailler et fournir tous les deniers qui seront nécessaires, lesquelz payemens, qui ainsi seront faiz par vostred. ordonnance ou de vostred. commis, voulons être alloués ès comptes de celluy qui sera commis aud. payement partout où il appartiendra, tout ainsi que si par nous et nostre ordonnance ilz avoient esté ou estoient faiz et quant à ce, avons vostred. ordonnance ou de vostred. commis validée et auctorisée, validons et auctorisons par ces présentes signées de nostre main, par lesquelles vous mandons que à faire ce que dessus vous vacquez ou faictes vacquer vostred. commis le plus songneusement et diligemment que faire se pourra, en commandant à tous nos justiciers, officiers et subgectz, que à vous ou vostred. commis ilz obéissent et entendent diligemment, prestent et donnent conseil, confort, aide et assistance, se mestier est, se requis en sont, car tel est nostre plaisir. Donné à Paris, le VIIe jour de février l'an de grâce mil cinq cens et seize (1) et de nostre règne le troysiesme.

Par le Roy,

ROBERTET.

Une semblable mission ne pouvait avoir aucun effet positif avec l'amiral. Aussi le 12 février, celui-ci s'empressait-il de la rétrocéder à Guyon Le Roy. La rapidité avec laquelle cette transmission s'effectua laisse penser qu'elle était concertée à l'avance.

Dès lors l'affaire allait marcher rondement. La publication de l'adjudication fut faite à Harfieur, Montivilliers, Fécamp, Saint-Valery-en-Caux, Dieppe, Rouen, Caudebec et Pont-l'Evêque. Les maîtres maçons et les ouvriers de ces villes étaient invités à se présenter à Harfleur dans huit jours.

Le dimanche 1er mars, Guyon Le Roy, accompagné des fonctionnaires du pays, dont un certain nombre devaient plus tard se fixer au Havre, de maçons, de maîtres de navires, en tout une foule de cinq à six cents personnes, se transportait dans la plaine de Grâce, et faisait jalonner les futurs travaux, « pour la garde, tuission et deffence de tous les navyres qui chaque jour pourront venir et affluer aud. avre de Grâce ».

(1) Ancien style.

Certes, parmi ces spectateurs il en était qu'attirait seulement la curiosité ; beaucoup cependant y étaient venus par intérêt, car il s'agissait pour eux de savoir si cette partie de la Normandie allait conserver le privilège maritime qui jusqu'alors leur avait permis de vivre. Et puis, on ne voit pas tous les jours cet acte solennel qu'est le tracé d'un port. Mais les mieux disposés pour l'entreprise qui se dessinait, les plus audacieux pour son avenir, ne pouvaient se douter un instant de la grandeur de ses destinées, ne pouvaient imaginer que sur cette plaine profondément ravinée, couverte de perrey et d'une herbe rare, arrêtée dans sa croissance par les embruns, s'étendrait un jour une ville riche et puissante, un port qui abriterait les navires venus des mers et des océans les plus lointains, un marché qui serait un des plus actifs foyers du négoce mondial.

Car c'était bien peu de chose que ce marais de Grâce que parcourait le cortège du vice-amiral. Si aucun plan ne nous en a été conservé, il est toutefois possible de se représenter son aspect par les dépositions des témoins oculaires recueillies lors de l'enquête de 1532 (1).

Au pied du coteau d'Ingouville, tout en cultures et en ajoncs, s'étendait jusqu'à la mer une région dont on n'eut su dire si elle appartenait encore à la terre ou si elle n'entrait pas déjà dans le domaine des eaux. Ce n'étaient que ruisselets, fossés, mares, criques bordées de roseaux encore flétris en cette fin d'hiver. Le cordon littoral des galets, fréquemment enfoncé par l'assaut des tempêtes, ne constituait qu'une défense précaire, et bien souvent les irruptions de la mer envahissaient une partie de ce territoire, situé au-dessous du niveau des hautes marées, et noyaient et emportaient les troupeaux qui y paissaient.

Au reste, à part les moutons appartenant aux habitants d'Ingouville, nul être vivant ne se hasardait à s'établir sur la plaine. Les masures étaient dispersées sur le versant et sur la crête de la côte, à proximité des sentes qui plus ou moins directement convergeaient vers l'église récemment réédifiée par l'amiral Malet de Graville.

---

(1) Stéphano de Merval. — *Documents relatifs à la fondation du Havre.* — Rouen, 1875, in-8°.

Les rares installations temporaires qui s'y remarquaient de temps à autre n'étaient que des abris de marins réparant leurs navires ou une tente à oiseaux de mer. Quelquefois aussi les pêcheurs des environs mettaient à sécher leurs filets sur le galet. Encore ne le pouvaient-ils pas à l'emplacement du futur havre « qui n'était que marais, bourbes et ordures ».

Découpant profondément la contrée, une masse d'eau y marquait les linéaments de ce qui devait être le port. Le tronc était formé par le « vieil havre », dont l'embouchure, « la gueule », disaient nos pères, fort énergiques dans leurs expressions, s'ouvrait sur la Seine, près de l'église Saint-Nicolas de Leure. Mais le travail de colmatage par le galet avait agi là également, et depuis peu ce débouché était à peu près impraticable.

Cette crique, assez large pour y avoir admis de nombreux navires pêcheurs, s'appelait primitivement la « crique des perroys ». En 1484, elle portait le nom de « havre de Grâce », et cette désignation, dont on ignore l'exacte signification linguistique, rappelée lors de l'enquête de 1532, a été appliquée par la suite au port de François Ier.

Du havre de Grâce partaient plusieurs branches. L'une se prolongeait à l'Ouest jusqu'à peu de distance de la mer, envoyant un émissaire sur l'emplacement où Guyon Le Roy fera élever son hôtel, et que, pour cela, il dut combler. Une seconde, orientée Nord-Sud, formait une double cuvette naturelle, étranglée au milieu, qu'un peu de travail devait transformer en doyen des bassins du Havre. Une autre, longue et sinueuse, était destinée à devenir le bassin de la Barre. Enfin, un peu partout, du Perrey à la Lézarde, des flaques d'eau, des rigoles de toutes formes et de toute dimension, constituaient un réseau aquifère dont le canal aboutissant à Leure était le collecteur.

L'œuvre figurée par des jalons, restait à la traduire en action. Pour cela Guyon Le Roy s'entremit auprès des maîtres maçons présents à Harfleur, afin d'obtenir les meilleures conditions possibles, leur représentant que « c'estait heuvre du Roy et pour le prouffit et utilité de toute la chose publique du royaulme de France ». Les tractations furent laborieuses ; enfin elles aboutirent à l'adjudication suivante, où sont mentionnées les proportions des ouvrages à entreprendre.

DEVIS ET ADJUDICATION DES TRAVAUX DU PORT.

A tous ceulx qui ces présentes lectres verront Jacques Deschamps, escuier, garde du scel des obligacions de la viconté de Monstierviller salut : savoir faisons que par devant Nicollas Maugart et Pierre Gosselin, tabellions jurés pour le Roy nostre sire en lad. viconté eu siége et sergenterie de Harfleu, furent présens, maistres Jehan Gauvain, bourgeois dud. Harfleu et Micquellot Feré, de Honnefleu, maistres du mestier de machonnerie, lesquelz de leurs bonnes voullontés sans aucune contraincte, congnurent et confessèrent avoir fait marché et contract avecques noble et puissant seigneur messire Guy le Roy, chevallier, seigneur de Chillou, visadmiral de France, qui présent estoit, pour faire et parfaire bien et deuement l'ouvrage de machonnerie, requis et nécessaire estre fait ès tours, gectéez, paons de mur et entrée du havre de Grâce ordonné par le Roy notre sire estre fait près le Chief de Caux et y quérir toutes matières selon ainsy qu'il est plus au loing contenu en devys duquel la teneur en suyt.

En suyt le devys pour construire et édiffier le havre de Grâce, pour recueullir et poser navires qui pourront aller et venir aud. havre, ledict devys fait par le commandement de messire Guyon le Roy, chevallier, seigneur de Chillou, visadmiral de France et cappitaine de Honnefleu soubz monseigneur l'admiral, commissaire du Roy nostre sire en ceste partie. Ce jourduy second jour de mars mil cinq cens et saize par Roullant le Roux, maistre des œuvres de machonnerie à Rouen ; Pierre Delorme, maistre des ouvrages du Roy en bailliage de Rouen ; Nicollas Le Roux, maistre des ouvrages du Roy en bailliage de Caux ; Jehan Becquet, maistre des ouvrages du Roy à Dieppe ; Jehan Gauvain, maistre des ouvrages de Harfleu ; Pierre Grégoire, Jehan Duchamp, Robert Legrant, Pierre Desvignes, machons, demourans à Rouen ; Thomas Théroulde, maistre des ouvrages de Caudebec ; Michel Ferey, maistre des ouvrages de Honnefleu ; Jehan Bontemps, maistre des ouvrages du Pontaudemer ; Guillaume Feret, Gervaiz Gredouyn, Thomas Chevallier et Guillaume Ruffin, aussy machons dud. lieu de Harfleu, en ensuyvant l'adviz de plussieurs maistres de navire tant dud. Honnefleu que Harfleu et aussy l'adviz de plussieurs pyonnyers principaulx du pais et par la dellibéracion des officiers du Roy tant dud. lieu de Harfleu que Monstierviller et de plussieurs bourgeois, manans et habitans desd. lieulx de Harfleu et Monstierviller et par lesd. adviz et oppinions, led. deviz a esté rédigé en la manière qui ensuyt : premièrement, il convyent pour le commencement dud. havre faire deux grosses tours avecques deux gectéez de grant pierre de Vernon par devers la mer, l'une desd. gectéez devers l'amont et l'autre devers l'aval, qui n'auront de longueur pour cest heure, c'est assavoir la gectée par devers l'aval depuis l'une desd. tours en tirant vers l'aval que vingt toizes et la gectée de devers l'amont jusques à l'autre tour à commencer vers la mer aura dix-sept toizes de longueur.

Item, au bout desd. deux gectéez, entre les deux tours, sera l'entrée dud. havre et y aura de longueur entre lesd. deux tours cent piedz et l'entrée de devant desd. gectéez par devers la mer aura deux cens piedz de large et seront lesd. gectéez plantées et assises ainsy que le lieu le requerra pour le prouffict dud. havre, lesquelles gectéez vendront quérir lesd. tours et lyées l'un à l'autre ainsy qu'il est requis. Item, par devers les champs se feront deux paons de murs, l'un à ung costé dud. havre et l'autre à l'autre costé, lyés à chacune tour pour soustenir les perrois et terres et garder qu'ilz ne tombent aud. havre et aura chacun paon de mur de longueur trente-deux toizes et d'espesseur deux toizes par bas en revenant à toize et demye par hault et de telle haulteur qui sera requis et aura led. havre de large en droict lesd. murs vingt et quatre toizes et de longueur jusques à l'entrée de la trenchée qui se fera pour recueullir la ryvière de Harfleu dedans led. havre, laquelle trenchée contient de long depuis led. havre jusques à l'entrée de la ville de Harfleu, le nombre de troys mil cinq cens toizes et soixante piedz de large, le tout à six piedz pour toize et douze pousses pour pyé et est à entendre que chacune desd. tours auront de creulx trente six piedz. Item, il convient ériger lesd. tours sy bas que le lieu le requerra et desoubz faire pillotys et plateformes se mestier est, bien entaillée par moictié, l'une dedens l'autre, fettez par logens et bien chevillée et fichée aux testes desd. pieulx et par devant se fera tout en tour desd. machonneries aux plateformes, une pièce de boys qui portera ung ravallement de deux pousses pour recouvrir le premier joingt desd. machonneries. Item, par devant lesd. plateformes se cachera un reng de pieulx carrés joinctifs sy bas que le lieu le pourra endurer et par devant lesd. pieulx se mectra une ventrière de boys qui sera enherponnée et chevillée et bien fichée de fiches de fer à lad. plateforme pour garder que l'eaue ne puisse desgrader le desoubz desd. plateformes ny eslaver le pied desd. murailles et convyent emplir toutes les oeuillières desd. plateformes de pierre dure, cachée à coup de mail avecques bon mortier, le tout du boys dessuds, à bon reffaict tel qu'il est requis à lad. besongne. Item, sur icelles plateformes convient ériger lesd. tours chacune de dix huit piedz d'espoisse par bas en revenant à douze piedz par hault, lesquelles tours seront à troys estages, comprins l'estage dedens les terres, qui servira à mectre les estoiremens et pouldre, ou ce qu'il sera nécessaire, lequel premier estage aura douze piedz de hault, depuis l'aire jusques à la voulte, enquel estage se fera ung parpain de deux piedz et demy d'espoisse pour séparer ce que on vouldra bouter dedens auquel parpain y aura une huisserie telle que le lieu le requerra et se voultera ced. premier estage en vers tant de costé que d'autre dud. parpain, le tout dud. premier estage par dedens ouvré de bonne pierre du Val des Leux et se fera à chacune tour une huisserie pour y entrer, de quatre piedz de large et sept piedz de hault. Item, le deuxiesme estage aura saize piedz de hault, enquel estage se feront canonnyères à tous les lieulx où il sera requis pour deffendre led. havre et lesd. tours et se feront esvens dedens les espoisses en droict lesd. canonnyères, pour vuyder les fumées desd. artilleries quant on en tirera et convient faire au parmy ung pillier ront ou a pans de deux piedz et demy d'espoisse ou plus, se mestier est, qui vindra de tout bas et yra jusques soubz la terrasse, lequel pillier portera les estocqz de charges à la haulteur qui sera requis pour voulter icelluy estage et celluy de dessus, lequel pillier sera de bonne pierre de Vernon et tout le sourplus dud. estage et celluy de dessus sera de bonne grant pierre de Saint-Leu et Descerens. Item, le troysiesme estage aura dix huit piedz de hault enquel estage se feront canonnyeres à tous les lieulx, où mestier en sera, pour servir à garder et deffendre led. havre et tours et tirer à la mer, quant il sera requis, et sera le dedens de ced. estage de bonne grant pierre de Saint-Leu ainsy que celluy de desoubz et voulte de la haulteur qui sera requis ; aussy convient faire touées au lieu où il sera plus propre, de grandeur suffisante pour garder l'artillerie et ce quy sera neccessaire. Item, en faisant le dedens desd. estages, se feront au deuxiesme et troysiesme estages, cheminées encorporées dedens les espoisses par devers les terres et s'y ce fera une visz pour servir lesd. estages desd. tours, laquelle visz aura quatre piedz de marche entre le noyau et la serche, lesquelles marches seront de pierre de Vau des Leux ; aussy convient faire une latrynes au lieu plus propre que on verra ausd. tours.

Item, en érigant lesd. tours convient faire par devant lesd. tours par devers le havre une allée pour servir à aller sur la gectée porter du cordage ou en recueullir pour secourir le navyre qui en auroit mestier en entrant et sortant dud. havre, laquelle allée se érigera par bas de neuf piedz d'espoisse en revenant a six piedz par hault, laquelle allée vendra quérir au néant le bout de la gectée. Item, tout le dehors desd. tours sera de grant pierre de Vernon bonne et forte, de plus grant appareil que faire se pourra, tant en paremens que eslez et en montant lesd. tours par dehors oeuvre, se feront lermyers aux deuxiesme et troysiesme estage de demy pied de saillie pour gecter l'eaue arrière de la muraille. Item, à la haulteur qui sera requis, convyent faire un machicollix, dont les pierres auront cinq, six ou sept piedz de long bien fermées dedens l'espoisse du mur, lequel machicollix portera ung avant mur de saize pousses d'espoisses et six piedz de hault portant crenyaulx et arballestrières pour tirer en la mer, quant mestier en sera, de dessus la tarrasse. Item, lesd. tours seront tarrasseez le plus plat que faire se pourra de bonne grant pierre de Lyais, à bonne pente machonnée, à mendre joingt que faire se pourra, de bon chyment et en bonne saizon, et se feront gargoulles de pierre de Vernon de quatre pieds de saillie hors, requis pour gecter et conduire l'eaue de dessus lesd. tarrasses, ainsy que la chose le requiert, et se feront, ausd. tours aux endroictz où il sera requiz, ès lieulx où il sera à travers la muraille à chacune tour, troux pour recueullir la chaine ou chaynes pour clorre le havre par engins qu'ilz seront dedens lesd. tours et conviendra en faisant lesd. tours bouter groz poullyotz de cuyvre pour conduire lesd. chaynes. Item, par dessus lad. tarrasse convient faire passer l'adviz si hault qui sera requis, pour porter une lanterne ou falloctz ou feu pour le navyre, quant mestier en sera, de telle façon et ordonnance qu'il plaira ordonner à mond. seigneur. Item, esd. tours, depuis l'eaue jusques en hault, seront assises, de troys assiectez en troys assiectez, pierres debout qui auront yssue d'un pied dehors en façon de poincte de dyamant et de ronde pierre en pierre de bonbarde, moictié de l'un moictié de l'autre. Item, lesd. gectéez se esligiront sur lesd. plateformes, qui seront bien et duement fettéez et devysées et pillotages pareillement, lesquelles gectéez auront par bas quatre toizes, en revenant à troys toizes par hault, tant la poincte que le demourant, laquelle poincte vendra en dymynuant en hault et de haulteur troys piedz plus hault ou environ que la plus hault, tant qui y pourra venir et au dessus de la derraine assiecte desd. gectéez passeront longues pierres de grectz, dont il y en aura quatre pieds dedens le parmy de l'espoisse desd. gectéez et deux piedz dehors pour estaller le navyre, quant mestier en sera.

Item, lesd. gectéez se ferront par dehors oeuvre de grandes pierres de Vernon bonne et forte de plus grant appareil que faire se pourra, tant ès paremens que elles et les asseoir toutes boutiches aux poinctez desd. gectéez, pour myeulx deffendre les vagues de la mer, et tout le remplage et mestonnage se fera de bonnes bictez du Vau des Leux, des plus grandes que faire se pourra, jaugeez de haulteur des pierres de paremens bien joingtisves l'une à l'autre à baing de bon mortier et les tours pareillement, et en machonnant toute lad. besogne, se mectra de la mousse demy pied de large tant aux lictz que aux joingtz jusques à la haulteur de la plus haulte eaue qui y pourra venir.

Item, quant lad. besongne sera faicte et parfaicte en besongnant, se tezera lad. besongne tous paremens comptéez à trente-six piedz pour toize sur ung pied d'espoisse chacun parement et tout le sourplus des espoisses massives à deux cens saize piedz pour toize et l'ouvrier qui fera lad. besongne sera subiect de trouver toutes matières pour faire lad. besongne, ainsy qu'il est cy devant devisé, avecques enginctz et leurs establissemens, sans ce que le machon soit tenu quérir fer, plomb, ne plateforme, maiz leur baillera lon place necte à machonner, lequel ouvrage contenu aud. devys, lesd. Gauvain et Fairé chacun d'eulx et l'un pour le tout, promisdrent et s'obligèrent leurs corps, biens et héritages, faire bien et deuement et le rendre parfaict à la fin du moys d'octobre prouchain venant, en leur baillant et délivrant deniers pour ce faire, ainsy qu'ilz besongneront et que la besongne yra avant, pour achapter les matières requises et payer les ouvriers, desquelz deniers, qu'ilz seront avancés, ilz bailleront cauxion suffisant, lors de l'avance, de les employer end. ouvrage moyennant, et parce qu'ilz auront et leur sera payé et délivré par les commis et depputés à ce faire, la somme de vingt-deux livres dix solz tournoiz pour chacune toize dud. ouvrage à le toiser ainsy qu'il est contenu aud. devys et qu'il est accoustumé toizer les ouvrages du Roy nostred. seigneur et auquel priz ilz l'ont mis au derrain rabaiz aprez tous autrez rabaiz mis par les maistres ouvriers desnommez en commencement dud. devys et autres pour ce venuz et fait venir et à assembler par cry publicque fait ès bonnes villes de ce pais de Normendie, ausquelz rabaiz et proclamacions estoient présens et appelés comme il a esté tesmoingné ausd. tabellions le seigneur de Blosseville, le cappitaine dud. Harfleu, les lieutenant du bailly, procureur du Roy nostre sire, les esluz dud. seigneur en ceste viconté de Monstierviller, le grenetier, autres bourgeois, manans et habitans dud. Harfleu. En tesmoingt desquelles choses, nous, à la rellation desd. tabellions avons mis à ces lectres le scel aux obligacions de lad. viconté. Ce fut fait et passé en la maison Robert Terrier le mercredy quatriesme jour de mars, l'an de grace mille cinq cens et seize, presens Collin Esnault, escuier, Maugart, Gosselin et Jacques de Sepmanville escuier, s^r du Monsault, tesmoingtz.

Un résumé rapide permet de se rendre compte des dimensions données au port en traduisant les mesures anciennes en mesures métriques.

Deux tours plantées de chaque côté de l'entrée en assuraient la protection ; elles devaient avoir six mètres d'épaisseur à la base et douze de creux (1). Au droit des tours le chenal était prévu pour une largeur de trente-trois mètres.

---

(1) Il n'en fut construit qu'une tout d'abord. Une seconde, de moindre dimension et de forme carrée, la tour Vidame, fut élevée vers 1561 en face de la première.

Sur chacune des tours devait être élevé un falot ou lanterne afin d'indiquer la nuit le chemin aux navires (1).

S'amorçant sur ces ouvrages, du côté de l'Ouest, se trouvaient deux jetées, celle du Nord-Ouest, de quarante mètres de longueur ; celle du Sud-Est, de trente-quatre. Leurs directions divergentes laissaient entre elles, à leur extrémité, un passage de soixante-six mètres.

La dimension de la première de ces jetées, si réduite qu'elle paraisse, était suffisante pour contenir le galet, au moins pour le moment où elle fut construite. La plage était alors très rapprochée de la limite de la ville, car la partie du Perrey située immédiatement au Nord de la jetée intérieure actuelle est d'origine postérieure à la fondation du Havre. Elle a été formée par l'accumulation du galet contre la jetée et c'est même ce phénomène naturel fort explicable qui a été la cause des prolongements successifs de la jetée du Nord-Ouest. Il se continue d'ailleurs, pour une cause identique, et il est aisé de le vérifier en considérant l'extension de la plage au Nord de l'Epi-à-Pin et du terre-plein de la nouvelle digue Nord.

De l'autre côté des tours, à l'Est, les terres devaient être soutenues par deux murs de soixante-quatre mètres. Entre deux, un avant-port de quarante-huit mètres de largeur s'étendait jusqu'à la tranchée de vingt mètres destinée à rejoindre la Lézarde à Harfleur.

Toute la maçonnerie était prévue en pierre de Vernon, d'Esserent ou du Val de Leu. Le granit, si universellement employé aujourd'hui dans les ouvrages maritimes, ne sera utilisé que beaucoup plus tard, au XIXme siècle.

Dans le devis ci-dessus est insérée une stipulation qui semble inexplicable, et qui l'est en effet si l'on s'en tient à la lettre. L'achèvement complet des travaux était prévu pour la fin d'octobre 1517. Une telle obligation était matériellement inexécutable pour cette époque et il est probable qu'elle ne serait pas davantage réalisable pour la nôtre. Cette impossibilité ne pouvait échapper à des praticiens aussi avertis que ceux qui assistèrent à la rédaction de ce devis.

---

(1) Le 24 août 1517, François Ier concédait à Bonnivet les droits de port à percevoir au Havre, à la charge seulement « d'entretenir lumières et lanternes aux tours pour l'adresse des marins ».

Parmi ceux-ci, indépendamment des entrepreneurs de Harfleur et de Honfleur, obligés par la nature de leurs entreprises de connaître l'aléa des travaux à la mer, surtout quand ils s'exécutent dans un sol aussi peu consistant qu'était alors le sol du Havre, on rencontrait des maîtres d'œuvre réputés dans la province, Rolland Le Roux, le constructeur, entre autres, d'une partie de ce merveilleux joyau de pierre qu'est le Palais de Justice de Rouen, Pierre Delorme, maître maçon du célèbre château d'Amboise, à Gaillon, Nicolas Theroulde, de Caudebec, et plusieurs autres, tous artistes dans leur profession, d'une expérience consommée, élite de ces « bâtisseurs » qui ont donné à l'architecture française menacée par les importations étrangères comme un reflet d'apothéose. Tous ont dû être frappés de la disproportion entre l'effort demandé et la brièveté du temps imparti pour son accomplissement. Les objections devaient instinctivement leur venir à l'esprit. Or, il ne paraît pas qu'ils en aient formulé. S'ils se retirent, c'est que le vice-amiral exige des prix à leur sens trop réduits.

Alors, on est conduit à se demander si cette adjudication n'était pas une scène convenue à l'avance entre Guyon Le Roy et les maîtres maçons, qu'il devait connaître depuis longtemps, tout au moins celui de Honfleur. En fixant un terme aussi rapproché, il évitait d'effrayer le Roi par l'éventualité d'un engagement à trop lointaine échéance, et qui par cela même devait être coûteux. Une fois mis en train, les premiers résultats obtenus ou entrevus, il devenait difficile de ne pas le continuer. Ce subterfuge habile, on n'ose dire innocent, assurait la pérennité de l'œuvre à laquelle s'était attaché Guyon Le Roy.

On se prend même à croire que le devis signé à Harfleur n'était autre, sauf des modifications secondaires, que celui dû au vice-amiral et approuvé par le Roi. Il laisse toutefois planer un doute sur les intentions de l'un et de l'autre. Avait-on arrêté dès ce moment la résolution de créer un port autonome, ou voulait-on plus simplement, — ou plutôt moins simplement —, donner sur la mer un accès à Harfleur par un canal de plusieurs kilomètres ?

Les expressions employées dans l'adjudication, aussi bien que dans le procès-verbal de la visite des terrains, « pour faire venir et mectre la ryvière dud. Harfleu dedans led. avre et aussi recuyllir et fair choir en icelluy avec plusieurs eaux qui descendent de la coste de Graville », peuvent s'entendre de deux façons. Cette tranchée pouvait servir indifféremment à amener les navires à Harfleur ou à détourner le cours de la Lézarde et des sources de la plaine dans le but d'entretenir, à l'aide de chasses d'eau, la profondeur du chenal et à en éloigner le galet, « le poulier ».

Cependant, dans cette question, il n'est pas superflu de rechercher à quelle pensée a obéi le Roi en délivrant la Commission initiale du 7 février ; il semble que la façon dont il expose sa volonté ne laisse pas place à une double interprétation.

Que dit-il ? Il déclare expressément que le port qu'il entend fonder est « pour tenir en sûreté les navires et vaisseaux », et afin qu'ils puissent aisément arriver et « sûrement séjourner ». Il n'est fait aucune allusion à un projet quelconque de rendre à Harfleur son accessibilité d'antan (1), mais uniquement de créer un établissement maritime capable de recevoir les navires et de leur permettre d'y rester.

Si le Roi n'avait eu que le désir d'ouvrir à Harfleur une entrée nouvelle, nul doute qu'il l'eut fait savoir. Il n'y avait que des avantages à s'exprimer d'une manière catégorique, car il eut ainsi stimulé les bonnes volontés des Harfleurais et, d'autre part, il ne portait préjudice à personne, puisque rien n'existait dans la plaine de Grâce. Mais il précise et ne laisse planer aucune obscurité sur son intention. C'est un port qu'il veut créer et non seulement pour ses sujets mais aussi pour lui ; c'est donc un port avec le caractère mixte de cette époque, à la fois commercial et militaire.

Mais un port ne s'entend pas seulement des aménagements qui permettent l'accès et le stationnement prolongé des navires. Réduit à cela, il n'aurait qu'une efficacité médiocre, nulle même ; en tout cas il n'atteindrait pas le but proposé. Sa construction a comme corollaire inséparable le groupement des industries de toute nature qui permettent la réparation, l'armement, le ravitaillement et même la construction des navires, l'édification d'un rudiment d'arsenal maritime.

---

(1) Il y a aussi une impossibilité technique à l'établissement de ce canal. Le plan d'eau, 3.500 toises, multiplié par 10, donne une surface totale de 35.000 toises ou environ 140.000 mètres carrés. En lui donnant seulement une profondeur, au-dessous du niveau du terrain, de 5 mètres, on voit quel cube énorme il eut fallu enlever en quelques mois.

Il lui faut un personnel suffisamment nombreux pour l'entretenir, des chefs pour prendre les décisions rapides qu'imposent les réfections des ouvrages démolis par les tempêtes ; il lui faut surtout, en ces temps de guerres perpétuelles, une garnison pour le préserver des insultes et des tentatives d'occupation par l'ennemi. Forcément il constitue, en outre, un centre d'attraction pour les marins, pour les ouvriers, pour les marchands ; il leur faut des maisons pour les loger, des auberges pour les nourrir, des magasins pour serrer les marchandises, tout ce qu'exige la vie collective, principalement dans un port de mer fréquenté par la grande navigation, où les allées et venues sont constantes.

Je crois donc que la date véritable à laquelle on doit faire remonter la création de la ville du Havre est la même que celle où fut ordonnée la construction du port. Celui-ci a précédé celle-là comme le bourgeon précède la feuille.

La préparation de la période active des travaux fut aussi rapide que l'avait été la décision. Moins d'un mois après l'ordre royal le plan est dressé, le devis fait, l'adjudication passée. Il n'existe pourtant aucun de ces moyens de communication qui nous sont familiers ; tout, à ce point de vue, aussi bien qu'en ce qui concerne les procédés techniques, est resté dans le même état que quinze siècles auparavant. La main-d'œuvre n'est pas même assurée puisqu'il faut la réquisitionner dans les vicomtés voisines.

A cette insuffisance de moyens s'ajoute le défaut d'installations matérielles. Sur les chantiers où vont s'ouvrir les travaux, pas la moindre cahute, par un abri, pas d'eau potable. Tout est à créer sur ce terrain vierge. Mais rien ne peut ralentir l'impulsion vigoureuse que le vice-amiral, — un septuagénaire (1) —, imprime aux préparatifs. Admirablement secondé par ses entrepreneurs, il triomphe de toutes ces difficultés. Le 13 avril 1517, soixante-cinq jours après la Commission à Bonnivet, le premier coup de pioche était donné dans la digue de galet, à l'emplacement du chenal disparu il y a quelques années.

(1) Né vers 1447, il avait donc exactement soixante-dix ans. Il mourut en 1528, peut-être au Havre, à l'âge de quatre-vingt-un ans. Par sa fille, Anne Le Roy, mariée en 1506 à François du Plessis-Richelieu, il fut l'arrière-grand-père du cardinal de Richelieu.

Guyon Le Roy avait su s'entourer d'utiles concours. Un capitaine de la marine, qui avait servi sous ses ordres, Jacques d'Estimauville, semble avoir été l'intermédiaire habituel entre le Roi et lui. Toujours par monts et par vaux à la recherche de François Ier, et ce n'était rien moins qu'une sinécure avec un souverain constamment en chevauchées, il le tenait au courant de tout ce qui se faisait au Havre. Un mandement de dépenses, s'étendant sur un espace de neuf mois, de mai 1517 à janvier 1518, rappelle ainsi l'objet des missions dont il fut chargé durant ce laps de temps.

A Paris, en mai 1517, pour demander que les corvées prévues pour la main-d'œuvre fussent remplacées par des impositions.

A Compiègne, en juin, afin d'avoir l'avis du Roi sur les dimensions à donner à la grosse tour.

A Rouen, en juillet, pour lui soumettre « le portraict de la façon dont serait fait ledict havre ».

A Lisieux, en août, dans le but d'obtenir des ordres pour que le bailliage de Caux procure des ouvriers.

En septembre, à Argentan, pour solliciter des franchises en faveur « de tous ceulx qui vouldroient venir demourer et habiter audict lieu de Grâce, que ledict port en serait beaucoup rendu plus commode, et à ce moyen y arriveroit grant quantité de navires, qui seroient la cause de plus facillement le faire réduire en perfection d'ouvraige, et où nous (le Roi) et la chose publicque pourrions avoir gros prouffit ».

A Tours, en novembre, pour faire approuver le plan de la ville, de ses fortifications et de la conduite des eaux de Vitanval.

Enfin, en janvier 1518, Estimauville se rendait près du Roi pour lui faire connaître l'avancement des travaux, la nature des terres sur lesquelles on élevait les jetées, et le prier d'envoyer quelques personnes expérimentées dans la construction des forteresses et des ports qui puissent indiquer les endroits où devaient être établies les canonnières de la tour.

Cette énumération, la seule qui nous soit parvenue jusqu'ici, indique bien que François Ier fut minutieusement informé des projets de Guyon Le Roy, car il serait invraisemblable que le Roi, au cours des entretiens qu'il eut avec Estimauville, ne se soit pas enquis de la façon dont le Havre s'édifiait.

Les démarches faites à Argentan furent d'une importance capitale pour l'avenir de la ville. Sans doute, même si l'obtention des privilèges eut été ajournée, l'agglomération urbaine ne se serait pas moins formée, mais avec quelle lenteur, au prix de quelles difficultés ? On peut en juger en songeant que la concession des franchises pour une période de dix ans parut insuffisante pour produire l'effet désiré, si bien qu'en 1520, lors de sa visite au Havre, François Ier fut conduit à les confirmer à perpétuité.

Quand il invoquait la bienveillance royale, Guyon Le Roy avait déjà, depuis plusieurs mois, réalisé un dessein qui avait probablement pris corps en même temps que le choix de l'emplacement du port. Avant même qu'aucune maison ne fut bâtie, il s'était déterminé à tracer préalablement les rues de la future cité, d'une manière aussi appropriée que possible aux habitudes de la voirie de l'époque et aux nécessités de circulation qu'elles devaient satisfaire.

Pour cela, le 6 mai 1517, il avait obtenu des paroissiens d'Ingouville, usufruitiers, dans des conditions passablement obscures, des abords du port, la cession de 24 acres de terre à prendre de chaque côté du Havre. Le 24 mai, à l'issue de la messe paroissiale, le vicaire de Saint-Michel d'Ingouville faisait la publication de cette vente, qui ne souleva alors aucune objection.

Le vice-amiral avait oublié, si même il l'avait su, qu'Ingouville dépendait du marquisat de Graville, dont le possesseur, Louis de Vendôme, lui intenta un procès. Ce dernier obtint gain de cause devant le Parlement de Normandie.

Guyon Le Roy ne s'était pas montré très libéral envers les habitants d'Ingouville ; il ne leur avait promis qu'une rente d'un sol par acre, alors que le terrain représentait un revenu au moins cinq fois plus élevé.

C'était en somme à la création d'un domaine féodal qu'il tendait. En cette occurrence, il avait incontestablement obéi à des préoccupations d'intérêt personnel. Peut-on lui en faire sérieusement un grief ? Doit-on oublier qu'en somme il faisait là une œuvre complémentaire de celle du souverain et que c'est lui, en définitive, qui, après en avoir été le promoteur, voulait lui donner sa pleine valeur ?

Et puis, au surplus, n'était-il pas plus avantageux aux bourgeois qui venaient résider au Havre de relever du constructeur de la ville, qui avait tant de motifs de la voir peuplée et bien entretenue, que d'un seigneur sans attaches avec elle, naturellement enclin à n'y voir que matière à perception ?

Mais, en 1517, Guyon Le Roy ne pouvait prévoir ces ennuis ; il était tout à ses espérances. Afin de les mieux mener à bien il sollicita l'octroi de privilèges aux habitants qui y viendraient résider et même aux personnes qui y feraient seulement construire.

De tels encouragements, outre qu'ils étaient en usage à peu près dans toutes les villes, étaient particulièrement indiqués au Havre. La plaine et le rivage, exposés aux inondations quand les grandes marées coïncidaient avec de forts vents d'aval, n'engageaient guère à s'y établir. Le creusement du chenal, l'épandage des déblais en provenant, les eaux stagnantes et les criques des alentours entretenaient une humidité malsaine. Les fièvres paludéennes, qui sévissaient encore à Leure avant l'annexion de 1852, frappaient d'un lourd tribut les nouveaux arrivants. L'hygiène était inconnue, les maladies nombreuses et redoutables.

De plus, l'existence de Harfleur, dont on pouvait supputer le relèvement, n'était pas pour encourager à se fixer dans un endroit aussi peu agréable. Se déplacer, quitter sa clientèle, abandonner les avantages certains de la résidence dans une ville ancienne sans compensation raisonnable ne pouvait venir à l'esprit que de gens n'ayant rien à perdre. Il en était autrement des artisans, des commerçants et des bourgeois. Pour les décider, il fallait leur accorder des exemptions d'impôt, l'équivalent en exonérations fiscales des charges nouvelles assumées, des inconvénients et des dangers affrontés.

Le porte-paroles de Guyon Le Roy n'eut aucune peine à convaincre le Roi. Le 8 octobre, celui-ci accordait aux habitants les lettres patentes qui, en fait, donnaient au Havre de Grâce sa consécration officielle.

LETTRES PATENTES DU 8 OCTOBRE 1517

Françoys, par la grâce de Dieu, Roy de France, à noz amez et féaulx les généraulx conseillers par nous ordonnez sur le fait et gouvernement de nos finances, aux esleuz sur le fait des aydes ordonnez pour la guerre en la ville et élection de Monstiervillier et à tous noz autres justiciers et officiers, salut et dillection. Comme puis naguère nous deuement informez et advertiz des périlz, dangiers et fortunes en quoy estoient les marchans tant de nostre royaume que estrangiers fresquentans la mer, parce que les porcz et les havres estans en icelluy nostre royaume estoient et sont pour le présent fort périlleux et dangereux, démoliz et gastez tellement que les navires n'y pouvaient ne peuvent bonnement ne seurement entrer ne arriver, mais souvent se périssent à l'entrée d'iceulx havres, ainsi qu'il nous a esté plusieurs fois remonstré, et soit ainsi que pour obvier ausd. inconvéniens pour les dangiers et dommaiges desd. marchans et marchandises, eussions ordonné estre fait et construit ung havre et port de mer grant et spacieulx au lieu de Grasse, près nostre ville de Harfleu, pour illec recevoir et tenir en reppos tous navires grans et petitz, ce qui se fait de présent, et est led. havre bien avancé. Pour tenir lequel port et havre en seureté et affin que les marchans illec fresquentans puissent estre logez et secouruz en leurs nécessitez, aions vouloir et intencion au long dud. port et havre de Grasse faire construyre et édiffier forteresse et ville close, et laquelle, afin qu'elle puisse estre peuplée et que en icelluy lieu se habituent gens de tous estatz, nous a semblé faire certaine exemption et affranchissement à tous ceulx qui de présent y sont habituez et qui cy après se viendront habituer et faire bastir en lad. ville pour donner vouloir aux autres de faire le semblable, savoir faisons que nous, en considéracion de ce que dit est et par plusieurs autres considéracions à ce nous mouvans, avons exempté et affranchy, exemptons et affranchissons de grâce especialle, plaine puissance et auctorité royal par ces présentes de toutes tailles qui seront assises et imposées de par nous en nostre royaume toutes les personnes qui sont de présent habitans et demourans et qui doresenavent viendront habiter et demourer en la closture de lad. ville que entendons faire construire en lad. ville aud. lieu de Grasse, et voulons qu'ilz en soyent francz et quictes. Et d'abondant leur avons par ces mesmes présentes donné et octroyé, donnons et octroyons le franc saller pour le fait de la pescherie, droguerie, que pour le user sans payer à nous aucun droit de gabelle ne autres choses pour led. sel qu'ilz achepteront tout ainsi et par la forme et manière qu'ilz en joyssent et usent de présent les manans et habitans de la ville de Dieppe, le tout pour le temps et terme de dix ans à commancer du jour et dacte de cesd. présentes. Et pareillement voulons et nous plaist que tous marchans et autres de quelque estat qu'ilz soient qui vouldront édiffier, bastir ou faire bastir maisons aud. lieu de Grasse, et que tous ceulx qui auront maisons propres à eulx appartenans en lad. ville, combien qu'ilz ne soient demourans sur le lieu, aient le franc saller pour la pescherie des harens, maquereaulx et autres poissons qui par eulx seront sallez aud. lieu de Grasse, tant ainsi que s'ilz estoient habitans aud. lieu de Grasse. Et pour ce qu'il estoit très urgent et nécessaire créer et ériger grenier à sel aud. lieu de Grasse pour les causes que dessus, ce que avons jà fait, auquel grenier seront subgectz les habitans des paroisses qui s'ensuyvent : c'est assavoir les parroissiens des parroisses Sainct Nicolas de Leure, Ingouville, Sainct Andresche, Sanvic, Fontaines, Sainct Barthelemy, Hauteville, Rainbertot, Cauville, Buglise, Heugueville, Sainct Jouvyn et Bruneval, lesquelles parroisses sont plus prochaines dud. lieu de Grasse que de Harfleu, et seront subgectz iceulx parroissiens aller doresenavent prandre et lever le sel, tant pour leurs usaiges que autrement, en payant par eulx le droit de gabelle et autres droitz et devoirs que pour ce ont acoustumé payer au grenier à sel de Harfleu, et tout ainsi par la forme et manière qu'ilz en ont usé aud. lieu de Harfleu, et avons interdit et deffendu, interdisons et deffendons ausd. parroissiens, manans et habitans desd. parroisses non plus prandre sel aud. lieu de Harfleu ains aud. lieu de Grasse, tant pour le user que pour droguerie, lequel ilz prandront aud. lieu de Grasse comme ilz faisoient aud. lieu de Harfleu. Et voullons les deniers qui restront dud. sel ainsi vendu et distribué aud. lieu de Grasse estre convertiz et employez au payement des gaiges de noz grenetier, contrerolleur et mesureur dud. grenier à sel de Grasse, c'est assavoir : aud. grenetier cent livres tournoys, aud. contrerolleur soixante livres tournoys, et aud. mesureur le sallaire que ont acoustumé prandre et avoir les autres mesureurs de noz autres greniers à sel. Et où il y auroit aucuns deniers bons oultre le payement desd. gaiges du revenu d'icelluy grenier, nous voullons led. résidu estre employé ès repparacions et fortiffications de lad. ville durant led. temps. Si vous mandons et expressément enjoingnons et à chacun de vous, si comme à luy appartiendra, que de nosd. grâce, exemption et affranchissement, franc saller et choses dessusd. fettes, souffrez et laissez lesd. habitans et autres qui baptiront ou feront bâtir en lad. ville ou aians maison en lad. ville de Grasse joyr et user plainement et paisiblement sans aucunement les asseoir ne imposer, ne souffrir estre assis ne imposez, ne eulx contraindre ne faire contraindre durant led. temps de dix ans à icelles tailles nous payer, ne à l'occasion d'icelles et leurd. franc saller, les travailler ne empescher en quelque manière que ce soit, ains s'aucun empeschement leur estoit pour ce fait, mis ou donné en leurs corps et biens le fettes incontinent cesser et oster et mectre au premier estat et deu, car tel est nostre plaisir, nonobstant quelzconques ordonnances, mandemens, restrinctions ou deffences à ce contraires. Donné à Argenten, le VIIIe jour d'octobre l'an de grâce mil cinq cens et dix-sept et de nostre règne le troisième.

Par le Roy, le s[r] de Bonnyvet, admiral de France, présent

DENEUFVILLE.

Le plus urgent des problèmes qui se posaient pour faciliter le peuplement de la ville était l'alimentation en eau pure. Il ne fallait pas songer à en trouver sur place. Le sous-sol était, et est toujours, imprégné d'eau saumâtre, parfois fétide, provenant du mélange des infiltrations de la mer et de la nappe aquifère descendue du côteau, glissant sur l'assise imperméable de glaise et de galets sur laquelle repose le banc de tourbe. Le choix se porta sur les sources du vallon de Vitanval, à plus d'une lieue de la ville, alimentant le petit ruisseau, faisant mouvoir un moulin, qui se jetait au fond de l'anse de Sainte-Adresse.

L'amenée de ces eaux à travers le marais et surtout le long de la côte des Brindes, en perpétuel glissement vers la mer, — ce mouvement ne sera arrêté qu'à une époque toute récente, par la construction du boulevard Albert-Ier, — devait entraîner une dépense assez élevée. Pour y faire face, François Ier accorda 3.500 livres. En conséquence, le 18 janvier 1518, par devant les tabellions de Honfleur, le vice-amiral s'engageait envers le Roi à conduire les eaux de Vitanval passant le long de l'église « Notre-Dame de Sainte-Adresse » jusque près de la grosse tour, à l'aide de canaux souterrains en poterie noyés dans une maçonnerie (1).

Les travaux devaient être terminés à la fin d'août de la même année. Ce délai fut observé. Le 14 septembre 1518, avait lieu leur toisage et leur acceptation. Les eaux arrivaient dans une « belle et somptueuse estanfiche garnye de bachin, le tout de pierre de Vernon taillée à l'anticque, qui est de haulteur de bien demye lance, en laquelle y a ung sainct Françoys portant les armes de France et plusieurs autres ymages de pierre ».

Les travaux du port avaient été conduits avec moins de diligence. L'entrepreneur s'était heurté aux difficultés considérables de la fondation d'ouvrages massifs dans un terrain inconsistant et par places remanié par la mer. Puis, le manque de main-d'œuvre en avait ralenti l'exécution, les corvées prévues n'ayant pas, et c'était à prévoir, rendu ce qu'on en attendait. Aussi, dans cette première campagne, le nombre d'ouvriers dépassa-t-il rarement 300.

Les terrassements furent arrêtés à la fin d'octobre. Afin d'éviter l'envahissement des ouvrages par la mer pendant l'hivernage, on prit la précaution d'établir un batardeau de protection.

En somme, du 13 avril au 31 octobre, la dépense s'était élevée à 27.698 livres 18 sols 10 deniers. Les paiements en

---

(1) Des traces de cette première canalisation ont été retrouvées en 1884 rue de Paris. Les eaux de Vitanval, captées en plus grande abondance, d'abord en 1541, puis en 1669 par l'ordre de Colbert, sont encore aujourd'hui en usage pour l'alimentation de la partie Nord-Ouest de la ville.

avaient été effectués sur des mandements signés de Guyon Le Roy.

Probablement en vue de mieux faire connaître au Roi l'état d'avancement du port, deux peintres de Rouen vinrent, dans la semaine du 25 ou 31 octobre, faire « le portrait de la ville de Grâce ».

L'année suivante l'entreprise fut continuée avec plus de vigueur. Une imposition mise sur les villes franches de Normandie fournit une partie des fonds nécessaires. Le chiffre de 300 ouvriers, exceptionnel en 1517, est toujours dépassé ; il est même doublé pendant l'été.

Dès le début du printemps, on prenait les dispositions pour faciliter la mise en place des navires. En mars, quatre gros anneaux de fer destinés à les amarrer étaient achetés ; ils furent posés le mois suivant. Enfin, le 24 octobre 1518, le Roi accordait 100 écus pour amener sa nef *Hermine*, de 400 tonneaux, dans le nouveau port (1). Elle dut faire son entrée dans le courant de novembre, et fut suivie peu après de la nef *Princesse*, de 700 tonneaux, et de la nef amirale la *Loyse*, de 800 tonneaux et de 72 canons. En même temps, François Ier, atteint de mégalomanie navale, faisait mettre en chantier au fond du port, près du saut de la grande barre, un vaisseau gigantesque, « la plus triomphante chose que jamaiz marinier vit », la *Grande-Françoise*, de 1.500 tonneaux et de 2.000 hommes d'équipage.

A peine le Havre de Grâce était-il praticable aux bâtiments d'un grand tirant d'eau, qu'il devenait, sous l'aiguillon du besoin et malgré l'état rudimentaire de ses aménagements, le lieu de concentration de nos forces navales sur la Manche. Il devait le rester pendant près de trois siècles, jusqu'à la création de l'arsenal maritime de Cherbourg.

Son rôle militaire, tout important qu'il ait été dans notre histoire, ne peut faire oublier que dans l'esprit de son fondateur il devait surtout avoir un caractère commercial, « au moyen de quoi les marchands du royaume se pourront grandement enrichir, ce qui sera un bien inestimable et perpétuel » (2). Un

---

(1) Elle avait été achetée 15.000 livres le 18 août à Rigault de Berquetot.

(2) Lettres patentes, données au Havre en août 1520, concédant les privilèges à perpétuité.

demi-siècle s'était à peine écoulé qu'il justifiait tous les espoirs que son établissement avait fait naître. En pleine crise des guerres de religion, alors que, suivant la rude expression d'un marin havrais, « la mer n'appartient à aucun prince plus avant que la balle de canon peut aller », le Havre est le principal port d'attache des navires se rendant au Maroc, dans l'Afrique noire, aux Canaries, aux Antilles et dans l'Amérique du Sud ; en une seule année, 54 bâtiments y arment pour la pêche à la morue et 83 navires y apportent les marchandises d'Espagne et du Portugal (1).

---

(1) En trois ans, on rencontre au Havre 44 navires allant au Maroc, surtout à Safi et à Sainte-Croix (Agadir), 75 pour les parages des Antilles et du Brésil, 27 pour les Canaries et 204 pour l'Espagne et le Portugal.

Commémoration du IVe Centenaire de la Fondation du Havre

13 Avril 1917

Compte rendu par M. Jean MACK,
Secrétaire des séances de la Société Havraise d'Etudes diverses.

Il y a quelques années, alors que la France travaillait dans le calme, éloignée de toute idée agressive, bien qu'elle pensât « quand même » à ceux de là-bas, brutalement et injustement séparés de la Mère-Patrie ; alors que nous ne pouvions prévoir l'épouvantable cataclysme qui devait bientôt bouleverser et ensanglanter le monde entier, quelques membres de la Société Havraise d'Etudes diverses envisagèrent l'organisation d'une imposante fête commémorative du IVme centenaire de la fondation du Havre par François Ier.

On était d'autant plus heureux de penser à cette future manifestation que jamais la population havraise ne fut appelée à célébrer un centenaire de la création de son port et de sa ville.

M. Louis Brindeau, Sénateur de la Seine-Inférieure, ancien Maire du Havre, qui s'est toujours particulièrement intéressé aux choses du Havre, qu'il s'agisse de son passé, de son présent et aussi et surtout de son avenir, a bien rappelé, dans un remarquable article paru la veille de notre réunion, ce qu'était devenue notre Cité aux précédentes époques séculaires ; mais ses recherches, — pas plus que celles faites dans les archives municipales par nos historiens locaux, — ne lui ont permis, en effet, d'indiquer que ces étapes furent soulignées d'une façon spéciale par les autorités et les habitants de 1617, 1717 et 1817.

On pouvait encore espérer, quelque temps après l'ouverture des hostilités, que l'effrayant cauchemar qui hantait notre repos prendrait fin assez à temps pour nous permettre de fêter avec joie les quatre cents années d'existence du grand port de commerce sur la Manche et de la plus importante ville de Normandie.

Mais, malheureusement hélas ! de longs mois s'écoulèrent, et rien n'avait pu arrêter les luttes homicides provoquées par les dirigeants, — avides de domination, — d'un peuple asservi, et nous approchions de plus en plus de la date fixée.

N'apercevant à l'horizon aucune éclaircie suffisante, on dut se résigner et écarter toute idée d'organisation de réjouissances populaires dignes de l'anniversaire mémorable que chacun ici cependant eut voulu fêter.

C'est alors que plusieurs Sociétaires pensèrent que l'on devait néanmoins célébrer, mais d'une façon toute différente et modeste, le IVme centenaire de la fondation du Havre.

Ils élaborèrent donc, — après avoir entendu la communication de notes relatant les dates des principaux faits qui eurent lieu en 1517, depuis la commission donnée par François Ier à l'amiral Bonnivet (7 février) jusqu'aux premières lettres patentes d'exemptions et de franchises accordées par ce même roi (8 octobre), — un projet de programme d'une simple réunion commémorative.

Discuté par la Société Havraise d'Etudes diverses, celle-ci adressa un rapport à la Municipalité qui le communiqua au Conseil Municipal, lequel la chargea de s'entendre avec notre Compagnie.

M. Jennequin, Adjoint au Maire, crut devoir convoquer, à cet effet, les anciens présidents et les membres du bureau en fonctions de la Société, et après des échanges de vues qui eurent lieu au cours de plusieurs séances, un programme de fête, plutôt littéraire et quelque peu artistique, fut arrêté, et « l'Académie locale », comme on se plaît à la qualifier, accepta d'en assurer l'exécution pour le 13 avril, date rappelant, pour ainsi dire, la pose de la première pierre des travaux du port.

Mais l'Administration municipale voulut, par une manifestation publique, marquer le jour, mémorable entre tous pour notre Cité, où François Ier donna l'ordre de construire un havre au lieu de Grasse (ou de Grâce).

L'édilité havraise fut donc réunie le mercredi 7 février, et M. Jennequin, Adjoint, prononça la remarquable allocution qu'on trouvera reproduite dans ce volume.

La Société Havraise d'Etudes diverses tint à ce que la plus grande partie du programme de la fête qui devait avoir lieu au Grand-Théâtre, sous le patronage de la Municipalité et sous la présidence de M. Morgand, Maire, son Président d'honneur, fut composée avec des éléments pris dans son sein-même.

C'est ainsi qu'elle confia : 1° à son Président, la mission de faire une conférence sur les origines du Havre, sur « l'histoire de notre Cité, les transformations de sa physionomie et sur le caractère de ses habitants à travers les âges » ; 2° à M. Paul Hauchecorne, membre, le soin de préparer une Ode à François Ier ; 3° enfin, à son bibliothécaire, M. Barrey, archiviste de la Ville, la charge de faire une causerie, avec projections « A travers le Havre d'autrefois ».

Elle crut devoir faire appel, afin d'agrémenter la soirée, à l'excellente fanfare des Invalides belges de la guerre, et elle eut la bonne fortune d'obtenir son concours.

Le moment venu, elle lança, d'accord avec la Municipalité, des invitations à toutes les autorités civiles et militaires étrangères, anglaises et belges, nos hôtes depuis la guerre ; à celles du Département et du Havre, et elle eut la satisfaction de constater, par les réponses qui lui parvinrent, que son intention avait été parfaitement accueillie et qu'elle avait répondu, notamment, au désir de nombre de nos concitoyens. Elle eut même le regret, — et elle dut s'en excuser par la voie de la presse, — de ne pouvoir complaire à une assez grande quantité de personnes qui, jusqu'à la dernière minute, vinrent réclamer la faveur d'assister à la commémoration du IVme centenaire de la fondation du Havre.

Elle ne pouvait donc plus douter du couronnement de ses efforts, de ceux surtout de son dévoué et très actif Vice-Président, M. Gustave Buchard, lequel assuma la lourde tâche d'organisateur. Il le fit d'ailleurs avec la méthode, le sens pratique et cette clairvoyance que nous lui connaissons.

Le jour fixé, les portes du Grand Théâtre s'ouvrirent, et toutes les places, des loges aux troisièmes galeries, furent occupées par les membres des assemblées électives et des corps constitués, les autorités, hauts fonctionnaires, industriels, négociants, armateurs, les membres de la Société d'Etudes diverses et de quelques autres sociétés artistiques et scientifiques, chacun accompagné de sa famille.

L'heure de la cérémonie venue, le rideau fut levé et on aperçut sur la scène, — placés devant le buste de François Ier au-dessus duquel on remarque un superbe écusson aux armes de la Ville, buste entouré de fleurs, harmonieusement disposées, que font ressortir les nombreuses bougies électriques des lampadaires placés à droite et à gauche, bougies et lampadaires, dont l'éclat était heureusement tamisé par de légers feuillages,— M. Morgand, Maire, président de la réunion ; Son Eminence Mgr le Cardinal Dubois, Archevêque de Rouen, primat de Normandie ; MM. le Contre-Amiral Didelot, Gouverneur du Havre ; Carton de Wiart, vice-président du Conseil des Ministres de Belgique ; Segers, Ministre des Finances ; Poullet, Ministre des Sciences et des Arts ; Comte Goblet d'Alviella, Ministre d'Etat ; Général Comte de Grunne, commandant la place belge ;

MM. Louis Brindeau, sénateur ; Georges Ancel, député ; Benoist, Sous-Préfet ; Acher et Paul Guillard, Conseillers généraux ; Jennequin, Adjoint au Maire ; Churchill, Consul général de S. M. Britannique ; Lafaurie, Président du Tribunal de commerce ; Mandeix et Ramelot, membres de la Chambre de commerce ; Mgr Julien, Président ; Dupont, Le Minihy de la Villehervé, docteur Leroy, A. Lévarey, anciens Présidents; Buchard, Vice-Président ; Barrey, Ch. Gonet, Jean Mack, membres du bureau de la Société ; Alph. Martin, l'historien des origines du Havre, et Paul Hauchecorne, auteur de l'ode à François Ier.

Ajoutons que la décoration de la scène, des mieux réussies, produisit un effet agréable aux yeux des spectateurs, et qu'elle était due, nous voulons le faire remarquer ici, à M. de Clerfayt, architecte de la Ville, amicalement assisté par M. Gustave Buchard.

La fanfare des Invalides belges, sous l'habile direction de M. Léon Tancré, acheva l'exécution de son premier morceau *Le Naufrage de la Méduse*, et M. Morgand, Président d'honneur de la Société Havraise d'Etudes diverses, prononça une allocution qui fut vivement applaudie par les assistants.

Puis Mgr Julien, Président actif de notre Association, fit une conférence de haute tenue littéraire, remplie de faits historiques précis et agrémentée de judicieuses observations et de spirituelles critiques.

Cette conférence intéressa grandement l'auditoire lequel, du reste, manifesta, par d'unanimes et chaleureux applaudissements, à l'éloquent orateur et au savant auteur le plaisir qu'il avait éprouvé pendant plus d'une heure.

Le programme indiquait ensuite : « Ode à François Ier », de M. Paul Hauchecorne, dite par M. Jacques Fénoux, Sociétaire de la Comédie Française.

M. le Président Julien annonça au public qu'une déception l'attendait. En effet, notre concitoyen, qui avait bien voulu accepter de dire les beaux vers du jeune et déjà distingué poète de notre Société, télégraphia, au dernier moment, qu'il se trouvait empêché, par suite d'une indisposition, de se rendre au Havre.

Bien que pris au dépourvu, M. Paul Hauchecorne consentit à dire lui-même son « Ode à François Ier.

Ce fut avec conviction, chaleur et une diction excellente que notre collègue récita le poème, à l'idée noble, à la forme harmonieuse et élégante, qu'il composa à l'occasion de la cérémonie dont nous faisons le compte rendu sommaire.

Le public applaudit d'abord l'auteur, puis l'interprète improvisé qui n'eut guère besoin de l'indulgence qu'avait sollicitée pour lui Mgr Julien.

Pendant l'exécution, par la fanfare, du *Cortège byzantin*, les personnalités que nous avons nommées il y a un instant quittèrent la scène pour aller prendre place dans les loges ou les fauteuils qui leur avaient été réservés, et d'où elles assistèrent à la deuxième partie du programme.

Quelques instants après, la fanfare attaqua la *Marche du Sacre de Jeanne-d'Arc*, du réputé compositeur havrais, notre collègue, M. H. Woollett, et une quête au profit de l'Œuvre du Soldat au front et de la Société de Secours aux Prisonniers de Guerre fut faite par Mesdames Ancel, Benoist, E. Dupont, L. Meyer, Morgand et Sigaudy, qui étaient accompagnées par Messieurs E. Dupont, docteur Leroy, Le Minihy de la Villehervé, A. Lévarey, anciens Présidents, Charles Gonet et Jean Mack, trésorier et secrétaire de la Société d'Etudes diverses.

Quête très fructueuse, on en conviendra, puisqu'elle a permis de verser aux œuvres de guerre une somme de plus de 1.100 francs.

Ce devoir des assistants accompli, notre érudit collègue, M. Ph. Barrey, archiviste de la Ville qui, depuis de longues années déjà, consacre tous ses loisirs à l'histoire de notre ville, commence sa causerie *A travers le Havre d'autrefois.*

On sait avec quel amour du vrai, avec quelle documentation, souvent inédite, M. Barrey parle du vieux Havre, qu'il s'agisse de sa marine, de son commerce ou de son industrie. Il sait intéresser ses lecteurs ou ses auditeurs, — nous avons eu maintes fois l'occasion de le constater, — non seulement en leur rappelant des faits se rattachant à l'histoire de notre Cité, mais en formulant des critiques, parfois un peu vives bien que justes, et en signalant les erreurs commises dans le passé de façon à en éviter, autant que possible, le retour dans l'avenir. Il lui arrive encore, — il ne peut s'en empêcher, — de s'élever contre les lenteurs administratives, lorsqu'il s'agit de l'exécution de travaux indispensables et urgents, lenteurs extrêmement nuisibles à la prospérité de notre port et de notre ville, et il met quelquefois et très judicieusement en parallèle la rapidité avec laquelle, il y a quatre siècles, on entreprenait les travaux, et les tergiversations de nos jours, qui n'ont d'ailleurs eu pour résultat que de mettre nos aménagements maritimes en état d'infériorité vis-à-vis de nos concurrents étrangers.

Nous écoutâmes donc avec une vive satisfaction la causerie, d'autant plus intéressante et instructive qu'elle était appuyée par la projection sur un écran d'un grand nombre de vues qu'il avait su heureusement choisir.

Les auditeurs remercièrent le conférencier, dont la tâche était devenue difficile et fatigante à la fin d'une déjà longue soirée, en lui prodiguant ses applaudissements.

Enfin les musiciens jouèrent *Polonaise concert,* et le public s'écoula visiblement satisfait de la réunion à laquelle il venait d'assister.

Qu'il me soit permis de dire, en terminant, que du foyer, où j'eus l'occasion de m'entretenir avec quelques invités, au vestibule où mes oreilles indiscrètes écoutèrent les appréciations diverses, je ne recueillis ou n'entendis que des éloges.

Cette historique soirée, organisée à l'occasion du IVme centenaire de la fondation du Havre, restera, nous en avons la conviction, gravée dans l'esprit de ceux qui purent y assister, et le volume que l'on doit éditer, — lequel contiendra en dehors de divers documents, discours, poésie et causerie —, initiera ceux de nos concitoyens qui ne purent y prendre part, en raison de l'exiguïté du théâtre, en même temps qu'il rappellera aux générations futures que malgré la période tragique au cours de laquelle elle eut lieu, la Municipalité et la Société Havraise d'Etudes diverses tinrent à honneur de commémorer deux dates mémorables se rapportant à la création du port et de la ville du Havre.

Ne revenait-il pas, en effet, presque de droit, à notre Compagnie, en sa qualité de doyenne des sociétés de notre Cité, et aussi en raison de son caractère, puisqu'elle est composée de membres aux connaissances les plus diverses et comptant dans son sein les deux meilleurs historiens du Havre, des littérateurs, des savants, des industriels, des négociants, etc., de rappeler le passé d'une ville, jeune encore, — quoiqu'âgée de quatre siècles, — si on compare son existence à celle de ses voisines ?

Oui certes. Eh bien ! nous tenons à déclarer que ses espérances ne furent pas déçues, que son organisation fut en tous points réussie ; que sa vitalité fut une fois de plus constatée, et, en résumé, que le bon renom dont jouit au Havre et au dehors la Société Havraise d'Etudes diverses s'en trouvera encore, si possible, affermi.

Discours de M. MORGAND

Maire du Havre,

Président d'honneur de la Société Havraise d'Etudes diverses

Mesdames,

Messieurs,

Le 13 avril 1517 ont commencé les travaux du port du Havre, sur l'ordre du roi François Ier et sous la direction du vice-amiral du Chillou.

Le Conseil municipal du Havre a tenu à ce que le IVme centenaire de la fondation de la Cité fut commémoré malgré les événements actuels.

Certes, nul ne pouvait avoir la pensée, en ces temps où se jouent les destinées de la Patrie, de célébrer par des réjouissances la rapide prospérité de notre Ville et de notre port, ainsi qu'on n'eût pas manqué de le faire si la paix eût régné parmi les hommes.

Mais ne convenait-il pas, qu'au cours d'une cérémonie intime, l'Histoire de la Cité fût retracée et que la personnalité si vivante et si particulière de leur Ville fût évoquée devant des Havrais qui n'en connaissent trop souvent que les aspects extérieurs.

Et, au surplus, ne devions-nous pas avoir la légitime fierté de prendre des hôtes qui nous sont chers à témoin du labeur fécond de nos pères.

Permettez-moi de remercier Messieurs les Membres du Gouvernement belge de l'honneur qu'ils nous ont fait en acceptant de prendre part à cette manifestation en quelque sorte familiale. Ils ne m'en voudront pas, je l'espère, de leur dire que du jour où ils ont débarqué dans notre port, ils ont fait partie de la grande famille havraise qui s'est serrée autour d'eux pour leur adoucir les tristesses de l'exil.

Vous avez aussi acquis droit de cité parmi nous, Monsieur le Brigadier Général, qui représentez au Havre cette armée de l'Empire Britannique dont, depuis le mois d'août 1914, nous avons pu suivre de nos yeux l'accroissement inouï et dont nous sommes heureux de saluer aujourd'hui les nouvelles et glorieuses victoires.

Le caractère que le Conseil municipal désirait donner à la cérémonie projetée en désignait par avance les organisateurs.

Constituée en vue, précisément, de noter, au cours des ans, les manifestations de la vie de la Cité, la Société Havraise d'Etudes diverses, notre Académie locale, était toute qualifiée, en effet, pour présider à une commémoration discrète de la fondation du Havre.

Le hasard a été heureux qui a voulu qu'elle eût récemment choisi pour diriger ses travaux le pasteur de l'Eglise autour de laquelle se groupèrent les premières maisons de notre Ville, et qu'ainsi l'honneur revienne à celui-ci d'évoquer devant vous la vie de ceux qui, sur l'ordre d'un grand Roi, colonisèrent les marais de Leure et d'Ingouville.

Je n'aurai garde de louer ici les mérites et le talent de l'orateur que vous allez entendre. Les premiers viennent d'être publiquement reconnus par Celui dont le suffrage est assurément le plus précieux à Mgr Julien, évêque d'Arras. Quant aux seconds, ceux d'entre vous qui n'ont pas encore goûté, dans une enceinte moins profane que celle-ci, l'élévation d'une pensée libérale servie par l'éloquence d'un lettré délicat, ratifieront, sans nul doute, le jugement flatteur des auditeurs habituels de l'Archiprêtre de Notre-Dame. Qu'il me soit permis seulement de dire à Mgr Julien qu'il sera profondément regretté de tous les Havrais, dont, sans distinction de culte et d'opinion, il avait gagné l'estime et le respect.

Mgr Julien évoquera devant vous l'âme de ces commerçants, de ces marins, à la hardiesse, à la laborieuse et incessante activité desquels notre Cité doit sa prospérité ; il vous dira comment s'est formée peu à peu, par des apports divers, le caractère si particulier des Havrais. Puis, notre érudit archiviste, M. Barrey, vous promènera dans le Havre d'autrefois et vous fera, comme il sait si bien le faire, l'histoire de ces quartiers et de ces monuments dont la plupart ont aujourd'hui disparu, mais qui étaient l'orgueil de la Cité à peine adolescente.

Fiers de la prospérité de leur Ville, jaloux de son avenir, les Havrais d'aujourd'hui, comme jadis leurs pères, n'épargneront jamais les efforts et les sacrifices que réclameront d'eux l'accroissement de cette prospérité, le développement de cet avenir. C'est pour leur Ville, en même temps que pour leur pays que, nombreux, ils sont déjà tombés dans les combats de la Grande Guerre. En ce jour anniversaire, donnons un souvenir ému à tous les morts de la Cité, à tous les artisans passés de sa richesse. Dépositaires d'un héritage sacré, ayons le souci de le transmettre à nos fils, non amoindri, mais accru, et au moment où les premiers rayons du soleil de la Victoire percent au fond de l'horizon dévasté le rideau des incendies criminels allumés par nos ennemis, associons dans une même pensée de foi, d'amour et de reconnaissance notre petite et notre grande Patrie indissolublement unies, le Havre et la France bien-aimée.

Discours de Mgr JULIEN

Président de la Société Havraise d'Etudes diverses

MESDAMES, MESSIEURS,

C'est par une charte du 7 février 1517 que François Ier, roi de France, « pour tenir en sûreté les navires et vaisseaux naviguant sur la mer océane », donna commission à l'amiral de Bonnivet de faire, au lieu de Grâce, sur la côte de Normandie et pays de Caux, un havre auquel lesdits navires et vaisseaux pûssent arriver et sûrement séjourner. C'est le 4 mars de la même année que fut passé le contrat de l'adjudication des travaux de terrassement et de maçonnerie à exécuter pour la construction du port et des fortifications du Havre de Grâce. C'est le 13 avril que fut donné le premier coup de pioche dans les galets du Perrey. C'est le 8 octobre suivant que le roi de France, « ayant vouloir et intention de faire, au long du port et Havre de Grâce, construire et édifier forteresse et ville closes » accorde, par lettres patentes, exemption de tailles et de l'impôt du sel à ceux qui viendront habiter et bâtir en ladite ville.

Voilà, en ces quelques dates, les lettres de noblesse de notre cité.

C'est peut-être un cas isolé, dans les annales du vieux Continent que l'Histoire puisse assigner une date précise à la fondation d'une ville, et qu'il soit donné à ses habitants d'en célébrer, s'ils le veulent, à chaque bout de siècle, la commémoration. D'ordinaire, les villes sont contemporaines des colonisations primitives, et leur origine se perd dans les profondeurs immémoriales de l'obscure antiquité. Le Havre a la bonne fortune de pouvoir produire son acte de naissance, et si, de ce fait, il lui manque je ne sais quoi de vénérable et de sacré qui s'attache au mystère des sources et des légendes, il a du moins pour lui l'attrait de la jeunesse qui, elle aussi, a le regard chargé d'inconnu, mais de l'inconnu à venir, plus mystérieux et plus séduisant encore que le passé.

D'ordinaire le berceau annonce l'enfant. Je n'oserais dire que la nature ait fait à l'avance pour notre Havre les frais d'un berceau. La Seine et la mer toujours en travail, et souvent en lutte l'une contre l'autre, le préparaient de longue date, bien à contre-cœur.

Il faudrait l'érudition de notre collègue M. Alphonse Martin pour vous décrire le Havre avant le Havre.

Je ne veux pas remonter, malgré la beauté rétrospective du

spectacle, jusqu'aux temps relativement modernes, où le cap de la Hève s'avançait, pointe extrême du pays de Caux, jusqu'au banc de l'Eclat, où l'estuaire de la Seine ressemblait à un bras de mer dont le port était Lillebonne, et baignait le pied des côtes d'Ingouville et de Graville. Je prends date à partir de 1374 où s'abîma, minée lentement par les flots, l'extrémité de la Hève avec le village et l'église de Saint-Denis-Chef-de-Caux. Je vois disparaître le port naturel formé dans l'anse de Sainte-Adresse, — à la hauteur de la rue actuelle Frédéric-Bellenger.

Je me figure aisément l'invasion continue, énorme, des galets roulés par les vents d'Ouest, et construisant contre la mer qui les apporte une digue de plus en plus infranchissable. Je n'ai pas de peine à me représenter la Seine elle-même s'enlisant dans ses propres alluvions, et peu à peu sur l'emplacement actuel du Havre, surgissant, parmi des algues, des sables et des cailloux, une plaine mouvante, souvent encore envahie par les marées, malgré le rempart des « perreys », tandis que le hasard des courants y creusait çà et là des criques ou fosses qui s'ouvraient sur la Seine et servaient d'abris aux bâtiments de pêche ou de cabotage.

C'est de là, autant qu'on peut définir ce chaos, que devaient naître le port et puis la ville. C'est bien moins un berceau qu'une douloureuse matrice qui, après des siècles de gestation, allait enfanter un grand destin. Oui, le Havre est bien le fils de ces flots toujours en tumulte qui semblent le porter encore, comme un navire accosté au rivage et toujours prêt à s'élancer sur l'Océan.

Comme tout ce qui répond à un besoin du temps, le Havre était attendu avant même que de naître. Les Etats de Normandie (1515) transmettaient au roi de France la requête des députés de Rouen, demandant « que l'on fit un bon havre en ce pays, fût-ce à Honfleur, fût-ce à Harfleur, ou autre lieu pour la garde des navires. »

Ce vœu allait être exaucé au delà même de sa portée. Rouen ne réclamait qu'un havre : il aura le Havre.

Deux ans après, Guyon Le Roy, seigneur du Chillou, vice-amiral de France, capitaine de Honfleur, se plaignait que la nef amirale était à sec dans le port ensablé de cette ville. Une ordonnance royale du 27 janvier 1517 commande de la faire conduire ailleurs. Cette nef ne portait-elle pas la fortune du port qui sera le Havre, puisque, un mois après, l'amiral de Bonnivet recevait la mission de le construire et s'en remettait de ce soin au vice-amiral Guyon Le Roy.

Puissance de l'idée mère qui enfanta notre Cité ! C'est un port qu'il s'agit de créer. Le nom lui en restera. En vain son fondateur voudra-t-il lui imposer son propre nom, en l'appelant Franciscopolis ou la Ville Françoise. Elle gardera le nom générique de « havre » qui signifie « port », et même l'appellation complémentaire « de Grâce » ne lui demeurera pas toujours. Elle sera simplement « Le Havre », c'est-à-dire le « port » par excellence,

Nomen, numen ! Il y a des mots qui sont un symbole et une force, et qui portent en eux les promesses de l'avenir. Oui, le Havre est et demeure essentiellement un havre. De là, son histoire, son caractère et ses ambitions.

*
* *

L'histoire de notre port est l'histoire de ses luttes contre la mer et contre les événements. C'est une œuvre de volonté humaine qui, dans le début, imprima sa marque et l'imprime toujours sur le caractère havrais.

Ce n'était pas chose aisée que de passer de l'idée d'un havre à l'exécution. Il ne fallut pas moins que l'extraordinaire et intelligente énergie de l'homme qui prit en mains l'affaire, et Guyon Le Roy, malgré ses soixante-dix ans, ne la laissa pas traîner en longueur. Appeler à l'adjudication des travaux les maçons des principales villes de la région, entr'autres Rolland Le Roux, dit-on, le maître de la pierre qui bâtit le Palais de Justice de Rouen; dresser les plans, faire les devis, accepter les propositions des deux maîtres d'œuvres, Jehan Gaulvyn et Michel Féré, et tout cela en moins d'un mois, puis, ouvrir en dix-huit mois le chenal que nous avons vu disparaître il y a quelques années, de manière à recevoir en novembre 1518, la nef de guerre l'*Hermine,* de quatre cents tonneaux, puis la *Loyse,* nef amirale de France, de 72 canons et de 800 tonneaux, voilà, n'est-il pas vrai, un résultat qui fait honneur aux ouvriers de la première heure et qui est de bon augure pour l'avenir.

En 1523, Guyon Le Roy pourra considérer son œuvre comme à peu près terminée. La Tour François Ier est debout, les jetées Nord et Sud sont en place. Le quai nord de l'intérieur s'avance vers la crique qui sera le bassin du Roi, et de l'autre côté du port un second quai consolide la longueur de terre qui le sépare de la Seine.

Par malheur, le nouveau Havre en formation suscite contre lui une sorte de jalousie, non pas encore la jalousie des hommes, mais, si j'ose dire, celle de la mer elle-même, et plus sournoise, celle de la Seine. La mer semble prendre plaisir à bouleverser dans un geste de colère les travaux qui empiètent sur ses caprices. Une nuit de janvier 1526, elle bondit par dessus le terre-plein de la jetée du Sud et enleva les baraques qui s'y trouvaient avec leurs pauvres habitants. Quand malgré tout les jetées sont construites et s'avancent au delà de la plage, brisant la rage des vagues, c'est le galet qui se trouvant arrêté contre ce nouvel obstacle, s'entasse, s'élève et déborde jusque dans le chenal qu'il menace d'obstruer. En vérité, le Havre rencontre à son berceau les mêmes ennemis qui lui font encore la guerre aujourd'hui. Je ne sais s'il se trouvait parmi les hommes qui eurent à parer à ces difficultés quelque savant humaniste comme il y en avait tant alors, familier avec la mythologie grecque, et pourquoi pas ? Il n'aura pas manqué de comparer le Havre naissant, attaqué par la Seine et par la mer, à Hercule enfant, luttant victorieusement dans son berceau contre deux énormes serpents.

Pauvre et chétif Hercule, en réalité, trop à l'étroit dans ses langes et qui se sentira toujours de la gêne de sa première croissance !

C'est le vice originel de beaucoup de fondations humaines de n'avoir pas su regarder par delà l'horizon du présent et de n'avoir pas prévu les expansions possibles des besoins et des intérêts qu'elles ont voulu satisfaire. Toujours à l'étroit dans leur conception, elles sont toujours prises au dépourvu par les nouveautés qu'apporte, dans le monde de la politique, des affaires ou de la science, le génie inventif de l'humanité.

A coup sûr, les créateurs du Havre ne pouvaient imaginer la future destinée de ce petit port qu'ils avaient fait à la mesure des besoins du moment. Il faut leur pardonner de n'avoir pas deviné les changements que devaient amener, dans l'art de la navigation et dans les relations internationales, les quatre siècles dont nous célébrons ce soir le travail opéré sur ce banc de sable havrais.

Tout l'effort du premier siècle se borne à l'achèvement du plan primitif, à la réparation des dommages causés par les tempêtes, au refoulement du galet envahisseur, au moyen de ces modestes épis toujours emportés par la mer et toujours rétablis. Un jour, pourtant, nos pères ont tenté de faire grand. Il n'y avait pas vingt ans que le port était ouvert, quand, sur le désir de François Ier, fut entreprise la construction d'un vaisseau de guerre qui devait avoir plus de deux cents pieds de longueur, une jauge de deux mille tonneaux, un mât de six brasses de tour et si haut qu'un homme placé sur la hune ne paraissait pas « vu d'en bas plus gros qu'une poule ». On l'appela la *Grande-Françoise*. On la voyait déjà en route pour la haute mer, et prête à fulminer contre les Turcs de ses trois rangs de sabords munis d'une nombreuse artillerie. Par malheur, ce géant naval ne put sortir du port, son tirant d'eau dépassant la profondeur de la passe. Il languit longtemps à l'entrée de la grande barre. Un jour de tempête, il se coucha pour ne plus se relever. Triste fin pour un navire, ses débris servirent à la construction des maisons du quartier Saint-François.

Le malheur de la *Grande-Françoise* pourrait symboliser de plus récentes déceptions.

Le temps marche et fait ressortir de plus en plus l'insuffisance du nouveau port. Ce n'est jusque là qu'un port d'échouage. Il n'y a pas de bassin à flot pour recevoir les bâtiments de guerre, devenus trop lourds de fardage et trop hauts de mâture pour se tenir d'aplomb dans les fosses, sans danger pour leurs œuvres vives. Il faut se hâter, mais quoi ? Le corps municipal n'a pas de ressources suffisantes pour entreprendre ce grand ouvrage. Heureusement l'ombre du seigneur du Chillou veillait encore après cent ans sur son œuvre.

L'arrière petit-fils de Guyon Le Roy, le cardinal de Richelieu, gouverneur du Havre, fit agrandir la crique du roi, l'entoura de quais en pierre et y établit une écluse. Hélas, ce qu'un ministre commence, un autre le laisse tomber. Il faut attendre Colbert pour réparer les négligences de Mazarin.

Le Havre supplée à force de sacrifices à ce que l'Etat ne sait pas ou ne veut pas faire. Les améliorations réalisées permettent de recevoir des navires de mille tonneaux. Mais voici que s'opère au XVIIIme siècle un notable changement dans la construction navale. Les navires massifs, aux flancs arrondis, font place à des bâtiments aux formes allongées, plus étroites et plus sveltes, moins stables par conséquent sur le terrain mouvant des échouages. Ce qu'il leur faut, c'est un bassin à flot dont le tirant d'eau ne fût pas dérisoire et les portes toujours immobilisées. C'est une question de vie ou de mort pour le Havre. Le Havre propose de refaire le port à frais communs avec l'Etat. Les hommes d'initiative ne manquent pas, d'un côté, les hommes d'inertie non plus, de l'autre côté.

Un jeune négociant havrais, Begouen, futur député à la Constituante, aidé d'un de ses parents, Foache, reçoit en 1775 de ses collègues la mission de plaider auprès du gouvernement, et plus encore auprès des influences qui gouvernent le gouvernement, la cause du port qui est aussi la cause du commerce national. Il obtient le dessaisissement du ministère de la guerre en faveur des Ponts et Chaussées en 1776. Enfin, l'avenir du Havre maritime devient une question technique : cela ne veut pas dire que la question est simplifiée ; cela veut dire qu'elle est mise à l'étude, qu'elle est examinée sous toutes ses faces, qu'elle est tenue en suspens par la diversité des solutions, mais qu'elle finit par en trouver une, laquelle, si l'événement la démontre insuffisante, aura du moins cet avantage qu'elle en appellera une autre moins imparfaite, et ainsi de suite. Le 2 février 1787, le Conseil d'Etat approuvait le premier grand projet d'agrandissement du port, dont l'exécution ne sera terminée qu'en 1825. Deux bassins, l'un à flot, celui du Commerce, l'autre d'échouage, celui de la Barre, la grande chasse de la Floride, c'était beaucoup, à l'époque de la conception ; c'était trop peu déjà à l'époque de l'exécution. La navigation se transformait plus vite que le port lui-même.

Le développement prodigieux du commerce exigeait dès lors de nouveaux efforts, de nouvelles luttes, de nouveaux sacrifices. Heureusement, la Chambre de commerce est devenue l'organe attitré des intérêts maritimes du Havre. Elle continue la tradition des ancêtres qui, après avoir fondé à grand'peine ce port toujours menacé de ruine, étaient obligés de le refaire sans cesse. Certes, de nos jours, les moyens d'action sont autrement puissants qu'autrefois, les conceptions autrement vastes, mais aussi les transformations du monde économique et commercial sont autrement rapides, l'accroissement de tonnage des navires autrement surprenant, le jeu des courants et le travail combiné de la mer et de la Seine d'autant plus redoutable qu'il se modifie à mesure qu'on lui oppose des obstacles nouveaux, si bien que la destinée de notre port semble n'avoir pas changé. Il fut à l'origine une conquête de la volonté des hommes sur les éléments rebelles ; il ne peut durer qu'en se défendant. Il naquit d'un intérêt national commandé par le déplacement de l'axe maritime du monde : il était voué à suivre le mouvement qui, commencé à sa naissance, ne devait plus s'arrêter : il lui fallait se développer ou périr. Il se développe, donc il vit.

Vous avez vu, Mesdames et Messieurs, depuis 1895, et vous voyez encore se continuer sous vos yeux une série de travaux qui s'efforcent de réaliser dans sa plénitude l'idée qui a donné le Havre à la France, « un grand port ouvert sur la mer océane ». Vous êtes fiers de voir se creuser de nouveaux bassins, s'étendre la ligne des quais de débarquement, et les jetées s'allonger de plus en plus vers l'Océan comme des bras pour capter au passage les navires qui portent les richesses du monde.

Honneur aux Havrais d'hier et d'aujourd'hui qui sont les héritiers des Havrais de la fondation ! Puissent les Havrais de demain, instruits par une histoire quatre fois centenaire, poursuivre l'œuvre commune, non pas dans une tardive adaptation aux coups de surprise du moment, mais dans une hardie et toujours vigilante anticipation sur les possibilités de l'avenir.

*
* *

C'est le mérite de François Ier d'avoir compris l'utilité d'un port à la fois militaire et commercial s'ouvrant sur l'Océan, et d'en avoir fait une création d'intérêt national. Sans doute, quand bien même l'Amérique n'eût pas été découverte, un débouché nouveau s'imposait au trafic de l'Ile-de-France et de la Normandie. Les fleuves étaient alors, encore plus qu'aujourd'hui, des chemins qui marchent. La Seine était déjà une grande route de commerce, mais la route était pour ainsi dire inachevée, tant que le Havre n'existait pas. Désormais, comme le dira plus tard Napoléon, le Havre, Rouen et Paris ne seront plus qu'une seule ville, dont la Seine est la grande rue.

Même à ce seul point de vue, le nouveau port eut été un port national. Mais à plus forte raison devait-il avoir le caractère d'un organe d'expansion française, puisqu'il ouvrait à la France une large porte sur ce nouveau monde qui venait d'émerger du fond de l'Océan. Désormais, en effet, ce n'est plus autour du lac méditerranéen que se tiendra le marché des nations. Le monde s'est agrandi tout à coup. Des Eldorados encore intacts promettent des richesses immenses, incalculables, au bout des routes nouvelles tracées sur les mers par les Vasco de Gama et les Christophe Colomb. Déjà les Portugais et les Espagnols s'étaient attribué le monopole des terres qui restaient à découvrir, et ils avaient obtenu du pape Alexandre VI une bulle frappant d'excommunication tout navigateur étranger qui oserait s'aventurer plus loin qu'une ligne idéale tracée à cent lieues des Açores. Il était temps pour les Français de ne pas laisser prescrire leur droit au grand partage.

A coup sûr les Normands n'avaient pas attendu la permission du roi d'Espagne pour courir les mers nouvelles et considérer comme de bonne prise toute terre où ils pouvaient aborder. C'est un marin havrais qui disait : « La mer n'appartient à aucun prince plus avant que la balle d'un canon peut aller. » Sans doute, déjà les Bretons avaient mis le pied à Terre-Neuve, et les Dieppois n'en étaient plus à compter leurs voyages transatlantiques. Mais ce qui nous manquait et ce qui nous était nécessaire, c'était un port national, situé à l'embouchure de la Seine pour le mettre en communication avec le cœur du pays, et d'autre part, ayant pour ainsi dire ouverture directe sur les chemins nouveaux, comme pour les indiquer à qui voudrait les prendre et s'y engager au nom de la France. C'est de cette intuition de génie que naquit le Havre : elle est toute à la gloire de François Ier.

Le Havre a-t-il rendu à son fondateur l'hommage qu'il méritait ? Les villes trop jeunes ont le défaut des enfants ; elles oublient quelquefois ce qu'elles doivent à leurs auteurs. Mais l'âge vient, et le souvenir des bienfaits reçus remonte au cœur. Est-ce que notre cité voudra se vieillir d'un cinquième centenaire pour décerner enfin à celui qui la créa le témoignage de gratitude qu'il attend toujours en vain, une statue digne de lui et digne d'elle-même, devant la façade de l'Hôtel de Ville ?

Ville françoise, ville française ! Nos rois n'ont garde de l'oublier. François Ier l'aime comme sa fille : il en parle sans cesse, il veut en entendre parler. Du 13 avril 1517 à janvier 1518, Jacques d'Estimauville, lieutenant du sieur du Chillou, est envoyé jusqu'à sept fois à la cour, par ordre du roi, pour entretenir le prince de la marche des travaux. Enfin, il faut qu'il voie pas lui-même où en est son œuvre et, dès 1520, il vient visiter le port qui était l'expression d'une de ses plus fécondes pensées.

On dit qu'il en éprouva quelque déception. Un port en cours de travail, quelques criques sur des quais inachevés. L'enfant était trop jeune et ne savait pas sourire. Les choses n'étaient pas allées aussi vite qu'il l'avait espéré : au lieu des deux tours prévues, une seule s'était élevée, qui sera la Tour François Ier. Le roi reviendra, en 1545, vingt-cinq ans après, et du haut du Chef-de-Caux, d'où son œil émerveillé embrasse la rade, il aura la satisfaction de contempler, réunis devant lui, plus de deux cents navires, couvrant la mer sur plus d'une lieue, la plus grande flotte de guerre qui se fût jamais vue jusque là. Cette fois le père pouvait être fier de sa fille.

Les successeurs de François Ier héritent pour la plupart de son intelligente prédilection pour leur bonne ville du Havre. Quelques-uns s'y transportent de leur personne pour favoriser l'essor du commerce et l'agrandissement du port.

C'est un assez beau cortège historique ; depuis Henri IV, qui passe « plus en bon compagnon qu'en prince », qui va causant, interrogeant, rendant la justice au besoin, confirmant et augmentant les franchises, et faisant un don à Notre-Dame, alors sur le point d'être achevée ; depuis Louis XV et Louis XVI, qui sont reçus avec un faste tout royal plus coûteux peut-être que profitable, sans oublier Bonaparte, premier consul, et Napoléon, empereur, qui, du moins laissa après lui une impulsion d'énergie, jusqu'à Louis-Philippe, Napoléon III et les Présidents de la troisième République, les uns et les autres également convaincus que le Havre représente un grand organe de la vie nationale en sa qualité de tête de pont du mouvement commercial avec les Amériques (1).

Au surplus, ces apparitions des chefs d'Etat n'auraient été que de vain apparat si la monarchie n'avait eu soin, dès l'origine, d'établir entre le pouvoir central et la cité maritime un lien plus étroit et plus effectif, dans l'institution des gouverneurs militaires qui avaient la haute main sur l'administration et devaient représenter sur place l'idée maîtresse de la fondation, à savoir, l'influence française sur l'Océan. Quelques-uns de ces gouverneurs furent éminents et rendirent de grands services. Le nom seul du cardinal de Richelieu suffirait à faire entrer le Havre dans l'histoire de France.

C'est d'ailleurs, Mesdames et Messieurs, le privilège assez onéreux parfois de votre cité d'avoir été mêlée aux gloires et aux malheurs de la nation.

Le Havre naissait à l'aurore de cet extraordinaire et déconcertant XVIme siècle qui fit presque en même temps la découverte de deux mondes ; l'un, un monde d'idées, c'est-à-dire l'antiquité réapparaissant dans l'éblouissement des chefs-d'œuvres artistiques et littéraires du génie humain ; l'autre, un monde de terres inconnues émergeant des mers occidentales et fait pour exciter toutes les convoitises et toutes les ambitions. Siècle d'idéalisme enivré où la pensée éprise de nouveautés en tout genre remet en question tout ce qui semblait définitivement acquis, pour osciller d'un excès à l'autre entre le scepticisme raffiné d'un Montaigne et le dévergondage intellectuel d'un Rabelais.

Siècle de violence aussi et de brutalité, où les passions s'emparent des sentiments les plus élevés et envahissent même le domaine religieux, soit pour troubler l'Etat, soit pour le défendre, et où les controverses se tranchent les armes à la main, les affaires de la conscience devenant des affaires politiques.

(1) Paroles de Léon Gambetta.

Siècle d'un individualisme puissant mais encore un peu farouche, où l'homme résiste difficilement à l'appât d'un avantage immédiat, où la notion de l'intérêt général n'est pas encore dégagée de l'intérêt personnel, de l'orgueil féodal, de l'esprit de clan ou de parti ou même de secte, où la patrie aux contours imprécis n'est pas encore le centre de ralliement des dissidences, où tel soldat et tel gentilhomme, croyant avoir à se plaindre de son roi, peut être amené, pour venger une offense, à livrer son pays en ouvrant le port du Havre à une flotte ennemie.

Siècle des grands caractères quand même et des grandes entreprises, qui vit s'étendre démesurément la scène du monde sur laquelle se jouent au naturel les drames de l'humanité et qui, du tumulte des pensées, des rêves et des colères, enfanta l'Europe moderne qui porte encore en elle, comme la marque de cette origine, le frisson des révolutions toujours prêtes à éclater ou à renaître.

Ce n'est pas ici, Mesdames et Messieurs, quand nous voilà réunis pour célébrer le passé et l'avenir d'un port de mer qui, lui aussi, est l'enfant des tempêtes et des orages, ce n'est pas à l'heure surtout où nous sommes spectateurs et même acteurs de la plus grande et de la plus tumultueuse histoire qui se déroula jamais sous le regard impassible des étoiles, que nous chercherons querelle aux siècles révolus pour n'avoir pas su être des temps de tout repos et de tout bonheur. Nous n'avons pas besoin d'avoir appris les leçons du passé pour savoir que tout progrès est le fils de l'effort et de l'épreuve. Les ouragans qui submergent les navires font l'intrépidité des âmes des marins. Les révolutions qui bouleversent les choses humaines sont peut-être permises par la Providence pour accélérer la marche en avant de l'humanité. Car, on peut toujours redire avec Victor Hugo bien inspiré :

O Révolutions, j'ignore,
Moi, le moindre des matelots,
Ce que Dieu dans l'ombre élabore
Sous le tumulte de vos flots.
La foule vous fait et vous raille,
Mais qui sait comment Dieu travaille ?
Qui sait si l'onde qui tressaille,
Si le cri des gouffres amers,
Si la trombe aux ardentes serres,
Si les éclairs, et les tonnerres,
Seigneur, ne sont pas nécessaires
A la perle que font les mers (1).

---

(1) *Chants du Crépuscule.* Napoléon II.

*

* *

La situation géographique du Havre le plaçait au point de départ sur la route d'où allait s'élancer l'esprit d'aventure qui poussait les Normands à la découverte de terres nouvelles. Par malheur, la lutte inégale entre Charles-Quint et François Ier, les guerres de religion, dont profita la concurrence des nations rivales, brisèrent trop souvent l'élan de nos intrépides navigateurs. C'est une épopée de grandeur et de misère que l'histoire des efforts tentés par les marins partis du Havre au cours du XVIme siècle, pour tailler à la France sa juste part dans les domaines qui étaient encore à prendre par delà l'Océan.

Ils vont à leurs risques et périls, moitié pirates, moitié marchands, armés en guerre, en marge des traités qui interdisent à la marine française l'accès des rivages transatlantiques. Ils s'exposent aux pires calamités s'il leur arrive de tomber entre les mains des Espagnols ou des Portugais. Presque tous d'ailleurs finissent mal. Pendus, écorchés ou brûlés vifs, à moins qu'ils ne soient dévorés par les indigènes, tel est le sort qui attend Fleury, de Vatteville, les capitaines Bontemps et La Ferrière, du Havre, le Florentin Verazzano, et tant d'autres. Leur gloire n'est pas sans ombre. Ils ont beau porter avec eux la croix du Sauveur et la planter en s'agenouillant sur les rives où ils abordent les premiers, l'appât d'un gain prodigieux à réaliser les attire beaucoup plus que la propagande évangélique. Quelque chose pourtant anoblit leurs exploits ; c'est la conscience qu'ils ont déjà, très nette et très lumineuse, de travailler pour le Roi de France, au nom duquel ils prennent possession des terres qui s'offrent à leur audace.

Au reste la plupart des expéditions qu'ils conduisent sont à la solde des gouverneurs militaires du Havre, les Sarlabos, les André de Villars, les Saint-Aignan. S'ils ne réussissent pas, ils plantent du moins les jalons pour l'avenir.

En dépit des obstacles et des échecs, on voit des marins havrais partout, au Sénégal, en Guinée, aux Canaries, aux Açores, le long des côtes de Colombie, du Vénézuéla, du Brésil, aux Antilles, en Guyane, à la Floride. Le Maroc leur vaut autant de renommée et autant de malheurs que l'Amérique. Mal protégés par la métropole en proie aux discordes civiles, repoussés de l'Océan, nos marins cherchent une voie nouvelle et de nouveaux bénéfices du côté de la Russie, et une expédition partie du Havre en 1586 double le cap Nord et jette l'ancre devant Archangel.

Que resta-t-il de tant de vaillance et de tant d'infortunes ? Hélas, bien peu de marins revenaient de ces périlleuses aventures. *O flots, que vous savez de lugubres histoires !* Quarante navires havrais furent enlevés en une seule campagne par les pirates marocains. Et, cependant, telle était la richesse des pays neufs visités par nos rudes explorateurs que les négociants trouvaient leur compte à l'armement des navires. Les navires ne revenaient pas toujours, mais quand ils revenaient, ils rapportaient des bénéfices compensateurs. Au surplus, la France de Richelieu recueillera, sous une main ferme au dedans et un drapeau respecté au dehors, la moisson semée naguère, malgré vents et marées, dans la douleur et les échecs, par la race indomptable des marins normands.

Ville bien française qui, même en travaillant pour elle, travaillait pour la Patrie, le Havre avait encore l'avantage ou l'inconvénient d'être une ville frontière avec tout ce que ce rôle comporte de gloire et de périls. La mer est une immense tranchée difficile à garder et qui expose à l'attaque plus qu'elle ne contribue à la défense. Or, pour s'être hardiment placé face à la mer, comme la sentinelle avancée de la France occidentale, le Havre ne pouvait manquer d'être l'éternel objectif d'un ennemi qui chercherait à forcer la baie de la Seine pour pénétrer au cœur du pays.

La création d'un port en vedette sur la Manche n'était pas pour apaiser l'héréditaire esprit de rivalité, souvent dégénéré en hostilité, qui mettait aux prises en des guerres toujours renaissantes deux peuples destinés à devenir deux grands foyers de civilisation, la France et l'Angleterre. Ne craignez pas, Mesdames et Messieurs, que j'aille exhumer les haines du passé pour vous gâter les embrassements du présent. Mais ne croyez pas non plus que je veuille rien dissimuler de ce qui s'offre nécessairement à vos esprits. Le silence serait une injure pour nos amis d'aujourd'hui, qui n'ont rien à renier des luttes séculaires qui ont valu à leur endurance et à leur ténacité la domination des mers, dont ils font en ce moment un si magnifique hommage à la cause de la liberté et de la civilisation.

Le silence serait une injure aussi pour nous-mêmes, pour le Havre en particulier qui a tenu si haut et si ferme le drapeau de l'honneur français que, souvent assiégé par de puissantes armadas, bombardé à boulets rouges, il ne fut jamais pris, méritant l'hommage de l'amiral Rodney, obligé de s'en retourner en disant : « Il fallait que la ville fût couverte de fer pour résister à tout le feu que j'y ai jeté. » Pourquoi ne pas regarder en face, sans baisser les yeux, le glorieux diptyque que l'histoire se plaira sans doute à opposer par contraste entre le Havre autrefois attaqué par les Anglais mais inviolé, et le Havre d'aujourd'hui devenu base anglaise et recevant jour et nuit depuis plus de trente mois l'interminable défilé de soldats, de chevaux, de canons, qui s'écoule comme un fleuve et va s'élargissant pour devenir, au front de bataille, une mer immense roulant ses irrésistibles vagues d'assaut qui doivent repousser les hordes d'Attila ou les submerger ?

Fasse Dieu qu'à l'avenir, réconciliés à jamais dans la défense des intérêts éternels de l'humanité, supérieurs aux intérêts passagers des peuples pris séparément, Anglais et Français réalisent plus largement encore qu'elle ne pouvait l'entendre, le vœu prophétique de notre incomparable Jeanne d'Arc, les appelant ensemble à la croisade, c'est-à-dire à combattre ensemble, s'il le fallait, pour empêcher les nations de proie et de sang de porter une main impie sur le sépulcre du Christ, en d'autres termes, sur vous, ô grandes, ô belles idées qu'on peut un jour crucifier à la violence, mais qu'on ne tue pas, qu'on n'enferme pas sous la pierre d'un tombeau, et qui ressuscitez toujours, sous les synonymes de la justice, du droit et de la liberté !

*
* *

Ce ne fut pas d'abord chose aisée que d'attirer autour de la crique du Roi une première agglomération destinée à être l'embryon de la grande cité, qui s'étend aujourd'hui en bordure de la côte d'Ingouville, qui a déjà commencé à l'escalader et qui menace de déborder sur Graville. Le sol n'avait rien d'engageant et le seul terrain qui fût convenable appartenait à la paroisse d'Ingouville. Le 24 mai 1517, le curé d'Ingouville publiait, au sortir de la messe, la vente consentie à l'amiral du Chillou de 24 acres de terre à prendre de chaque côté du havre que le roi faisait construire. Mais le marquis de Graville, Louis de Vendôme, qui avait des droits sur Ingouville, intenta au sieur du Chillou un procès qu'il gagna devant le Parlement de Rouen. La ville du Havre demeura propriété seigneuriale de Graville jusqu'en 1541 où François Ier l'affranchit en la prenant sous son autorité immédiate.

C'est sous le bénéfice de cette main-mise royale que le Havre organisa et institua sa vie municipale. Ce qu'il perdait en autonomie, apparemment du moins, il le gagnait en libertés réelles. Il ne traînera pas derrière lui ces traditions des vieilles villes qui se réfèrent à des pouvoirs rivaux souvent enchevêtrés les uns dans les autres. Ici, le gouverneur représente le roi et laisse beaucoup de jeu à l'activité locale. Au-dessous de lui, le corps municipal, établi vraisemblablement par du Chillou, demeura dans ses grandes lignes identique jusqu'à la Révolution.

Je laisse à mon savant collègue, M. Barrey, le soin de vous faire voyager à travers les transformations successives de la cité. Je me bornerai à vous montrer à quel point le port du Havre a marqué son empreinte sur le caractère de la population qu'il a réunie autour de lui ; car avant de donner une âme à la ville, il commence par lui donner ses habitants.

La première attraction qu'il exerce a pour effet de changer en marins les paysans du Chef-de-Caux. Les Normands Cauchois n'eurent pas sans doute beaucoup de peine à devenir des gens de mer. Ils devaient sentir encore passer dans leurs rêves le roulis des vagues qui avaient bercé leurs ancêtres. Et puis y a-t-il aussi loin qu'on le pense entre le laboureur qui enfonce le soc bien profond et bien droit dans la glèbe et le pilote qui trace au plus près sa route sur la plaine liquide ? Celui-là fait son sillon et celui-ci son sillage. Tous les deux se sentent sous la dépendance de forces ou d'influences qui les dépassent, tantôt pour seconder leur labeur, tantôt pour l'anéantir. Jamais découragés, ils vont et reviennent toujours par le même chemin, comme sont allés et revenus les premiers navigateurs et les premiers laboureurs ; ils courbent la tête sous le même ciel, ils ont le même ennemi, l'orage, mais, pour le combattre, la même foi et la même âpreté au gain. Vous pouvez les transplanter : la mer n'aura presque rien à apprendre au paysan ni la terre au marin.

La période des aventuriers passée, et sauf les intermèdes de la guerre de course, la population du Havre pendant le XVIIme et le XVIIIme siècles s'adonne principalement à la grande pêche, en particulier à la pêche à la baleine. Le « commerce des Iles » reprit au début du XVIIIme siècle, et même la traite des nègres qui passait alors pour légitime. L'exportation, la *pacotille,* comme on disait, fit fureur. Tout le monde voulait mettre des parts dans l'armement des navires. Les Parisiens eux-mêmes s'en mêlèrent.

Le Havre s'enrichit, s'agrandit et se peupla en même temps. Suspendue par la Révolution et les guerres de l'Empire, la vie des affaires devait reprendre un nouvel essor au cours du XIXme siècle, et faire du Havre le vaste entrepôt de coton et de café que vous savez.

Sous la pression de ce grand mouvement, la ville dut briser sa ceinture de fortifications d'ailleurs démodées. Elle s'annexa Ingouville et doubla sa population en 1852 ; elle s'accroît toujours et de nouvelles annexions se préparent. Plus l'activité du port sera débordante, et plus elle rendra solidaires de ses besoins, comme aussi bénéficiaires de son rayonnement, les agglomérations de la banlieue.

J'ai lu jadis, dans l'orateur romain, un portrait des villes maritimes qui n'a rien de flatteur. « Les villes maritimes, disait Cicéron, sont sujettes à la corruption et à l'altération des mœurs. Elles sont envahies sans cesse par les nouveautés : on n'y importe pas seulement les marchandises mais aussi les habitudes du dehors : les traditions ne s'y conservent pas intactes. Les habitants des villes maritimes ne sont pas attachés à leurs foyers. Toujours sur l'aile de l'espérance, au vol de leur pensée, ils se laissent emporter loin de chez eux et, même quand leur corps y demeure, leur âme s'expatrie et court le monde... »

Les grands orateurs sont toujours quelque peu avocats. Ce jour-là, Cicéron plaidait le contre. Quel magnifique éloge n'eut-il pas écrit des villes maritimes, s'il l'avait voulu, d'autant que les défauts qu'il leur reproche ne sont guère que l'excès de leurs qualités ? Oui, certes les mœurs se gâtent souvent en ces endroits qui sont comme les carrefours des grandes routes du commerce et des voyages. Mais, d'autre part, elles peuvent s'y affiner en y gagnant je ne sais quoi de poli et de sociable que donne le contact des hommes. Oui, certes les traditions des cités maritimes, comme le sable qui porte leurs maisons, sont mouvantes et instables. Mais quand une cité est condamnée à forger son avenir à coups de nouveautés, il est meilleur pour elle d'avoir la mobilité de l'esprit qui vit en avance sur aujourd'hui plutôt que la fixité de la pensée qui enfonce son idéal dans le passé, comme les racines d'un chêne dans le sol.

Oui, certes, la perpétuelle agitation des vents et des flots autour d'une ville, avec la perspective d'un horizon presque illimité, détache ordinairement les âmes du cercle familial, pour les entraîner, d'esprit, sinon de fait, sur les chemins du rêve ou de l'aventure. Mais est-ce donc là un si grand malheur pour des hommes qui sont obligés de mettre leur fortune dans les flancs d'un navire et qui jettent par delà l'Océan le filet hasardeux de la spéculation ?

Non, Mesdames et Messieurs, le Havre n'a pas à se plaindre du caractère qu'il doit au port qui l'a façonné.

Que le Havre flotte, si l'on veut, et donne aux nouveaux venus comme une sensation de roulis, je le veux bien. Quand on s'est occupé, comme il m'a été donné de le faire, de l'éducation des enfants havrais, on ne peut s'empêcher, à travers l'aisance et la grâce qui leur sont naturelles, d'apercevoir, dans la lumière mobile et souriante de leurs yeux, dansant, si j'ose dire, sur les flots d'une pensée toujours en mouvement, la barque, souvent sur lest, de leurs vives et légères intelligences. Mais laissez-les grandir ; donnez leur le temps de s'affermir dans l'étude et dans la réflexion. Le roulis qui les a bercés ne les empêchera pas d'être des hommes de volonté et de devoir. Ils auront le pied marin, et sauront tenir dans les tempêtes, qui sont de la terre comme de la mer.

Parents et instituteurs de l'enfance, qui avez parfois désespéré d'elle, regardez-les, vos fils et vos élèves ; voyez ce qu'ils ont été, ce qu'ils sont encore, à leur rang de combat, dans ce terrible « challenge » où toute la jeunesse française rivalise de vaillance et d'héroïsme. Que chacun de vous se remémore les siens, et qu'il dise si la vie havraise, toute maritime qu'elle soit, est conseillère de mollesse et de relâchement, et si, au contraire, l'attitude de travailleurs et de lutteurs que commandent aux parents le présent et l'avenir de leur port, n'est pas pour les fils une vivante leçon de courage, d'énergie et d'intrépidité ?

Les cités d'affaires font les citoyens hardis, coureurs de risques. Elles font aussi les relations agréables, les caractères sympathiques. Les négociants et les armateurs traitent de plain pied avec toutes sortes de personnes : à l'aise avec ce qui est au-dessus d'eux, affables avec ce qui est au-dessous. La société n'a pas de classes fermées. Les affaires sont un travail, donc une noblesse. Vous avez réussi : entrez, vous n'avez pas besoin d'ancêtres. C'est, dès l'origine, le trait distinctif du Havre d'être hospitalier à tout venant, fût-ce à l'étranger. Le Havre est déjà sous Louis XV une ville cosmopolite. Il lui faut bien prendre sa population partout où il la trouve. Il a d'ailleurs l'attrait du mouvement et de la vie. Il imprimera ce caractère à ses habitants. Les voyageurs sont pris au charme.

Un certain Gros de Besplas, vicaire général de Besançon, venu au Havre en 1765, est émerveillé du spectacle animé qu'offrent l'entrée et la sortie des navires dans le port. Il n'est pas moins ravi de l'aménité des habitants : « Le peuple du Havre, écrit-il, est doux, spirituel, laborieux, religieux et poli. » Il admire la cité qui contient environ seize mille âmes. « Les grandes rues sont bien percées, et quoique les maisons soient généralement mal bâties, « le coup d'œil de la ville est agréable : elle est fort vivante et remplie d'une quantité merveilleuse d'enfants ! » Quant aux dames, il n'en dit que ce qu'un vicaire général pouvait en dire : « Tout le monde connaît, ajoute-t-il, la beauté de leur teint, leur vertu, la grâce de leur corps si bien assortie à la richesse et à l'élégance de leur parure. »

Il en est toujours ainsi, non pas seulement des dames, mais de la ville elle-même. Elle attire toujours ; elle accueille tout le monde, elle est souriante et ouverte. On y vient, on s'y plaît, on y reste, et l'on n'en peut partir, j'en sais bien quelque chose, sans une pointe de regret.

L'esprit ne saurait plaire toujours sans le secours du cœur. On peut dire, sans étonner personne « le cœur du Havre », bon cœur, cœur généreux, toujours prêt à secourir toutes les infortunes et à s'ouvrir à toutes les initiatives de la charité. Où donc le Havre a-t-il pris ce cœur là ? Il gagne, dit-on, beaucoup d'argent et le gagne vite ; il donne de même. Peut-être, mais j'aime mieux penser que le Havre, fils de ses œuvres, de tout temps uni dans le même labeur et dans les mêmes luttes autour de ce port qui est toute sa vie et tout son avenir, a puisé dans cet esprit de sacrifice, une âme de fraternité et d'amour, prompte à se répandre en tous les sens sur tout ce qui souffre, sur tout ce qui peine et sur tout ce qui a droit de vivre.

Le don de la sympathie suppose une certaine complaisance à supporter les défauts d'autrui, et ce qui est plus difficile, à tolérer les opinions qui ne sont pas les nôtres. La tolérance, ou, pour mieux dire, le respect des idées qu'on ne partage pas, semble avoir été de tout temps une vertu havraise. Une ville qui était en relations avec le monde entier ne pouvait pas s'étonner comme d'autres que l'on pût être Persan. Au reste, le Havre, qui subit comme toute la France le contre-coup des guerres civiles, nées de la Réforme et de la Révolution n'en connut pas heureusement les grands excès.

Sagesse ou philosophie de gens avisés que leurs affaires préoccupent avant tout, sans doute, mais non pas effroi des idées nouvelles ! Car le Havre ne redoute pas les nouveautés. Le Havre n'est-il pas lui-même une nouveauté ? Qu'est-ce que quatre cents ans pour une ville ? Et pour vivre, le Havre n'est-il pas tenu d'innover sans cesse ? Aussi, quand passent dans l'air des changements politiques, des espérances démocratiques et sociales, le Havre écoute avec intérêt, il suit sans attendre les retardataires ; mais aussi bien, le sens des affaires étant le sens des difficultés, le Havre ne s'aventure pas sur les routes de l'utopie. Les gens de négoce et les gens de mer sont avant tout des réalisateurs.

*
* *

Tout cela suffit-il à constituer ce qu'on pourrait appeler un esprit havrais ?

« Dites-moi, je vous prie, Mademoiselle, quelle idée je dois avoir des habitants du Havre ? » C'est en ces termes qu'une femme de lettres de la seconde moitié du XVIIIme siècle se fait interpeller par un ami. « Il n'est pas facile, dit Mademoiselle Le Masson Le Golft, de répondre à ce que vous me demandez. Le Havre étant une place de grand commerce, la roue de la fortune y tourne avec une rapidité singulière ; cela nous attire une quantité considérable de navigateurs et de commerçants des différentes provinces de France et de toute l'Europe ; il y vient même des gens sans état, sans fortune, qui, dans cette sphère d'activité, avec des talents ordinaires, ne laissent pas de se trouver portés promptement jusqu'au plus haut de la roue ; et vous savez, mon ami, que plus encore que l'éducation, ce bien inestimable, il est des choses de fond qui ne changent pas avec la fortune, et qu'il doit y avoir dans notre ville des façons de penser et d'agir bien différentes, quoiqu'elles puissent être bonnes. »

Sous les précautions de forme que prend notre Havraise pour ne pas froisser ses compatriotes, on devine qu'elle ne les trouve pas assez cultivés, et que, à ses yeux, il n'y a pas encore un esprit havrais. Un esprit havrais suppose, en effet, au moins chez une élite assez nombreuse, une culture assez générale pour établir une certaine conformité de pensées, de sentiments et de goûts sur les choses de la littérature, de l'art et de la philosophie. Or, c'est là une sorte d'éducation qui est le fruit du loisir, et le loisir est précisément ce qui manque le plus aux cités maritimes. Il est des villes dans lesquelles les grandes Ecoles, les diverses Facultés, les cours publics tiennent lieu, parmi le mouvement et le bruit des affaires, de laboratoires intellectuels qui jettent des idées dans la circulation. Le Havre n'offre guère jusqu'ici le recueillement et l'ambiance favorables à ce que l'on pourrait appeler l'éducation par rayonnement.

Je ne voudrais pas pourtant, par un excès de discrétion, passer sous silence ce que le Havre doit, à ce point de vue, à la Société Havraise d'Etudes diverses, puisqu'aussi bien la Société d'Etudes diverses s'est montrée bonne havraise en vous invitant ce soir, Mesdames et Messieurs, à célébrer le IVme centenaire du Havre.

« La Société fut fondée en 1833 pour contribuer au progrès de la morale, des sciences, de la littérature, du commerce, de l'industrie, de l'agriculture et des beaux-arts, soit par des réunions où les membres se communiquent réciproquement leurs idées et leurs œuvres, soit par des publications, soit par des cours publics, soit enfin par tous les moyens susceptibles de contribuer à la propagation des lumières. »

Qu'a-t-il manqué à votre académie locale pour agir plus profondément sur l'esprit havrais ? Un peu plus d'ambition peut-être pour se faire connaître et répandre les travaux de ses membres. Puisse le bienveillant intérêt du public l'aider à se corriger de cet excès de modestie.

Ce qui consacre d'ordinaire la célébrité d'une ville et sert à définir son esprit, c'est la gloire littéraire. Le Havre est loin d'en être dépourvu. Deux hommes, deux poètes lui font grand honneur, dont le talent s'inspire des tendances même de leur ville natale. Bernardin de Saint-Pierre fut en quelque façon un grand importateur, mais un importateur littéraire. C'était de la *pacotille* aussi, mais combien riche et séduisante, que ces descriptions et paysages des îles qui allaient dorénavant draper de fraîches et poétiques images la sensibilité de la France moderne. C'est une gloire, qui a son prix, d'avoir servi de précurseur, dans l'enrichissement de l'imagination française, au roi de la couleur, l'immortel Chateaubriand.

Saluons encore cet autre fils de la grève havraise, Casimir Delavigne, le chantre des Messéniennes, l'auteur d'estimables tragédies où la tradition classique tempère la fièvre romantique de nouveautés. La cité qui avait si bien mérité de la patrie donnait ainsi à la France le plus patriote peut-être de ses poètes et qui fut longtemps un des plus populaires.

Quand il s'agit de l'éclosion des talents, il ne sert de rien de faire des vœux, il faut savoir attendre l'heure de la Providence et le travail du temps. S'il est des impatients pour se plaindre que le Havre ne soit pas exalté dans la gloire d'un nom qui tienne dans les lettres ou dans les arts la place d'un Augustin Normand dans l'industrie, qu'ils se souviennent qu'une cité a besoin, pour enfanter un génie de la pensée pure, d'une plus longue préparation à l'école de la noblesse et de la beauté que pour faire surgir, à l'école de l'action, des génies de l'ordre pratique !

Avouons-le, les siècles n'ont pas encore accumulé sur le sol havrais et sur les âmes havraises assez d'efforts communs, assez d'aspirations communes, assez de communes épreuves aussi, pour qu'il ait pu surgir encore le grand homme, qui sera l'incarnation de l'esprit havrais tout en étant celle de l'esprit français. Lorsque Corneille naquit, la ville de Rouen était normande depuis plus de six cents ans. Patience donc, Mesdames et Messieurs, patience !

C'est, sans doute, l'infériorité des villes maritimes de n'être pas d'ordinaire des organes de production, mais de vivre principalement de l'échange ou du va-et-vient des marchandises. C'est beaucoup d'être un lieu de passage : ce serait mieux encore d'être un centre créateur de forces. Le Havre y viendra... il y arrive. Mais il est glorieux déjà pour le Havre d'avoir été et d'être encore le grand chemin des chercheurs de fortune et des chercheurs de mondes. Il en reste toujours quelque chose ; il en reste le sens affiné des affaires, le courage de l'action, et l'intelligence des grands courants qui traversent l'humanité.

J'imagine que nos ancêtres de 1776 durent saluer, de leurs bravos, le départ du navire l'*Amphitrite*, qui s'en allait, sous le commandement du capitaine Fautrel, secourir la cause de l'indépendance américaine. Nous récoltons aujourd'hui ce que la France d'autrefois a semé dans le champ d'un idéal désintéressé, qui ne se bornait pas à nos frontières et franchissait les océans. Le cœur havrais battra de nouveau lorsque bientôt entrera dans le port, témoin de l'enchaînement des causes et des effets, le drapeau constellé qui doit à notre ciel quelques-unes de ses plus belles étoiles. Ce qui entrera avec lui, c'est la protestation du nouveau continent, de ces cadets de la grande famille humaine, contre les attentats à l'héritage commun de justice et de liberté défendu par leurs aînés d'Europe ; c'est la guerre dans l'honneur préférée à la paix dans la honte ; c'est la victoire morale du droit s'affirmant à la face du ciel, avant la victoire des armes qui rétablira l'ordre troublé sur la terre.

Le Havre est bien placé pour applaudir à ces grands spectacles. N'est-ce pas aussi dans les eaux havraises qu'est venue pour ainsi parler jeter l'ancre, en attendant la fin de la tourmente, comme un vaisseau désemparé, la noble Belgique, obligée de plier après une héroïque résistance, sous le poids du colosse ennemi, mais non sans l'avoir blessé mortellement et dans sa force et dans son orgueil ? Il est d'usage d'élever des monuments aux grands hommes à l'endroit où ils ont marqué leur passage. Je demande, à la gloire des idées généreuses, qui ont posé, ne fût-ce qu'un moment, leur vol grandiose sur notre rivage, une colonne commémorative, qui soit l'honneur de ceux qui ont eu foi en la justice éternelle, et la leçon de ceux qui croyaient pouvoir la méconnaître sans attirer la colère divine !

Discite justitiam moniti et non temnere divos !

*
* *

Toutes les ambitions sont permises, même les ambitions littéraires et artistiques, à une cité qui a parcouru en quatre siècles une si étonnante carrière. La Providence a fait au Havre une grande faveur, en l'obligeant à une lutte incessante contre le plus redoutable des éléments, la mer. La mer aux aspects changeants, aux rythmes berceurs, ne renonce jamais à son œuvre traîtresse. Elle recouvre toujours du sable envahisseur les abords des jetées. Elle a fait, en se jouant, le berceau du Havre : en se jouant toujours, elle ferait aussi bien son tombeau. Heureuses les œuvres humaines qui sont toujours tenues en éveil par la menace d'un danger ! Elles sont préservées par là de l'esprit d'engourdissement qui endort les volontés et envahit les membres des travailleurs. On a vu les villes les plus considérables abandonnées par la désertion des courages, s'ensevelir peu à peu sous l'alluvion imperceptible des siècles et n'être plus que l'ombre d'elles-mêmes. Le même sort attend les villes maritimes qui ne se défendraient pas contre leur ennemi naturel.

Naguère, je visitais les ruines de l'ancienne Rome et je m'attardais sur le mont Palatin, véritable tombeau de l'Empire romain, où l'on découvre, en creusant le sol, les splendeurs des palais impériaux. Je traversais, à la fin d'une journée ensoleillée, ce qui reste de l'ancien *stade* de Septime Sévère, vaste amphithéâtre où les coureurs se disputaient les prix et les applaudissements. Du côté du couchant, des gradins restaient encore debout, derrière lesquels s'ouvraient de vastes fenêtres cintrées... A l'heure où je contemplais ces ruines, le soleil descendait sur le mont Aventin tout proche. Et dans la brume du soir, la lumière, en se décomposant, répandait comme une buée d'or et de pourpre. Et je pouvais croire que mes pas, en foulant le sol, avaient soulevé la poussière des siècles morts où la gloire et le sang se mêlaient dans la grandeur romaine. Ce n'était qu'un souvenir, car tout était bien fini. Tout s'était écroulé quand les maîtres du monde avaient cessé de combattre et de travailler, comme les coureurs avaient cessé de courir dans le stade où l'herbe avait poussé. Les barbares étaient venus. Les palais étaient descendus sous terre et les ruines même avaient disparu de tant de magnificences.

Le soleil a des couchers non moins splendides sur ce promontoire de la Hève qui s'ouvre sur un des plus beaux panoramas du monde, plus beau certes que celui de la campagne romaine, mais beaucoup moins enrichi d'histoire. Du moins, ici, Mesdames et Messieurs, ce n'est pas le linceul du passé que tisse chaque soir dans la pourpre et l'or l'astre océanique. C'est plutôt un reflet des rêves et des ambitions que représente chaque journée de travail havrais, chaque marée de notre port tant aimé. C'est une invitation à suivre le rayon vert de l'espérance sur la route mondiale où les nations se précipitent jusqu'à se heurter et à s'entredétruire.

A travers les catastrophes qui, en broyant les peuples, ont pour effet le nivellement de l'humanité, le monde s'achemine peu à peu vers l'unité géographique, avant-courrière de l'unité morale. Les chemins deviennent de plus en plus courts qui unissent les différentes parties du globe : ce n'est plus seulement par-dessus les terres et les mers que les nations se donnent la main. C'est à travers les espaces de l'air que désormais elles s'enverront des messages et se feront des visites.

La guerre finie, un immense besoin de rapprochement par les affaires et par les idées inondera de mouvement et de lumière les routes anciennes et les nouvelles échappées.

Puisse le Havre développer tout l'avenir contenu dans son passé ! Qui sait ? Vous verrez bientôt, Mesdames et Messieurs, le port agrandi devenir le point de départ d'une double navigation maritime et aérienne, lancer sur l'Océan la double flottille de ses bateaux et de ses aéronefs. Tout devient possible pour demain, même l'impossible d'hier. Tenez-vous prêts. Le Havre a besoin de son port, et la France a besoin du Havre.

A FRANÇOIS Ier

Pour le quatrième Centenaire de la Fondation du Havre

par M. Paul HAUCHECORNE

François Ier, ton règne a laissé dans l'Histoire
Le nom de Marignan, une grande victoire
Que tu remportas à vingt ans,
Et celui de Pavie, une sombre équipée,
Où, sans perdre l'honneur, tu rendis ton épée,
Suprême orgueil des combattants.

Chevalier intrépide et parfait gentilhomme,
Toi qui rêvais la pourpre impériale à Rome
Et par l'Espagnol qui fus pris,
Après avoir lutté pendant vingt-neuf années,
Franchissant tour à tour Alpes et Pyrénées,
Il te fallut sauver Paris.

Mais après les succès comme après les défaites
Retentissait dans tes châteaux le bruit des fêtes,
Dans tes forêts sonnait le cor.
Et, les yeux éblouis par ta magnificence,
Nous te voyons toujours, roi de la Renaissance,
Traverser le Camp du drap d'or.

Et nous voyons aussi, près de toi, les amantes
Qui de ton cœur léger, fatales et charmantes,
Précipitaient les battements ;
Pour elles de bijoux tu n'étais pas avare,
Si tu pensais avec la reine de Navarre
Qu'il faut douter de leurs serments.

Or, n'est-il pas permis qu'un monarque s'amuse,
Lorsque du bon Marot il protège la Muse
Et s'intéresse à Rabelais,
Lorsque, dans leur exil traités comme des princes,
Les artistes de Rome, au sein de nos provinces,
Pour ateliers ont des palais ?

Car, épris de splendeur encor plus que de gloire,
Tu fais surgir, près de la Seine et de la Loire,
Saint-Germain-en-Laye et Chambord.
Mais, bâtisseur de ces châteaux d'apothéose,
Ton œuvre est beaucoup plus solide et grandiose
Le jour où tu fondes un port.

*

* *

A l'embouchure de la Seine,
Le grand fleuve national,
Dans la vase molle et malsaine
On creuse aux vaisseaux un chenal.
Les lourdes pierres des jetées,
Par la mer d'abord emportées,
Dressent ensuite leur paroi
Contre le vent, la vague énorme ;
La tour dresse sa plate-forme
Contre les ennemis du roi.

Ce roi, que son œuvre transporte,
Paraît bientôt sur le chantier,
Suivi d'une brillante escorte,
Et se mêle aux gens de métier.
Vous tous qui le croyez volage,
Contemplez aujourd'hui la plage :
Il a toujours nobles façons,
Mais sur des plans courbe l'échine,
Fait manœuvrer une machine,
S'entretient avec des maçons.

*

* *

Ah ! lorsqu'à Marignan, et d'estoc et de taille,
Il frappait de grands coups au fort de la bataille
Et s'endormait le soir sur l'affût d'un canon,
Il était le guerrier nourri dans les alarmes
A qui valut sa fougue un immortel renom,
Mais était-il plus beau que le jour où, sans armes,
Il vint sur les chantiers du port de Grâce ? Non.

O vous qui remportez de fameuses victoires,
Qui d'un peuple voisin prenez les territoires,
Foulant aux pieds les morts et les agonisants,
Et qui, fiers du succès, faites courber les têtes
Sous le joug redouté de vos glaives pesants,
O vainqueurs, dites-moi, de toutes vos conquêtes
Que reste-t-il au monde après quatre cents ans ?

Le butin recueilli pendant plusieurs années,
Souvent on vous l'arrache en deux ou trois journées,
Comme on coupe du chêne abattu les rameaux.
Vous fuyez devant ceux qui vous craignaient naguère,
Vous subissez à votre tour d'horribles maux,
Et, dans votre pays en ruines, la guerre
Qui dévaste les champs dépeuple les hameaux.

La guerre, c'est l'œuvre de haine,
L'ouragan de fer et de feu
Qui sur la terre se déchaîne,
Tandis que le ciel reste bleu.
C'est les peuples en esclavage,
L'homme redevenu sauvage,
Le stupide et brutal ravage
Des campagnes et des cités ;
C'est la rouge et sanglante ivresse,
Les cris de fureur, de détresse,
Les rugissements d'allégresse
Au spectacle d'atrocités.

Oh ! travailler en paix, et sans vaines parades,
Afin de largement ouvrir devant les rades,
Aux vaisseaux revenus des rivages lointains,
Le refuge accueillant et propice des havres,
C'est vouloir acquérir de précieux butins
Qui ne demandent pas des monceaux de cadavres
Et que ne sauraient plus nous ravir les destins.

C'est prétendre pour sa patrie,
Laborieux et non pervers,
Avec courage et sans furie
Mettre à tribut tout l'univers.
C'est construire un nid où, fidèles,
Comme de souples hirondelles,
Les grands vaisseaux à tire d'ailes
Vont se blottir près des maisons,
Eux qui chargés à pleines cales
Nous rapportent de leurs escales,
Du pôle aux terres tropicales,
Les plus splendides cargaisons.

Fonder un port, c'est dire aux foules étonnées :
L'œuvre que j'entreprends exige des années ;
Peut-être périront mes sujets et leur roi
Sans de notre labeur toucher la récompense...
N'importe ! Je travaille avec ardeur et foi,
Et je sens s'animer mon zèle quand je pense
Aux hommes qui viendront sur la terre après moi.

*
* *

Noble François Ier, qui jadis l'as fait naître
Et ne pourrais pas aujourd'hui le reconnaître,
O toi dans le tombeau noir et sourd endormi,
De plaisir et d'orgueil ton âme aurait frémi
Si tes yeux, en dépit du temps et de l'espace,
Avaient pu se fixer sur le Havre-de-Grâce,
Et depuis quatre fois cent ans le voir au cours
Des siècles s'agrandir et prospérer toujours.

Ses vigoureux marins, loin des terres natales,
Ont débarqué dans les Indes Occidentales,
Fréquenté du Levant les ports pleins de chansons,
Le banc de Terre-Neuve aux dangereux glaçons
Et les côtes d'Afrique à la brûlante haleine.
Ils sont allés faire la pêche à la baleine
Et trafiquer avec les marchands, les planteurs.
Ce furent des colons et des explorateurs.
Mais ce furent aussi, quelquefois, des corsaires
Qui hardiment luttaient contre nos adversaires.
Et ta ville accueillait toujours avec transport
La corvette ou le brick qui ramenaient au port
De riches bâtiments vaincus à l'abordage.
Car, depuis ton époque, ô roi, la guerre a d'âge
En âge fait surgir des flottes dans nos eaux :
Toi même as contemplé cent cinquante vaisseaux
Qui devaient ravager les côtes d'Outre-Manche.
Mais, plus tard, l'Angleterre a pris mainte revanche.
L'estuaire a connu nos revers, nos succès,
Le flux et le reflux des pavillons français.
Le Havre, que souvent insultèrent des flottes
De lourds vaisseaux et de légères galiotes,
Eut plusieurs fois ses murs par les bombes meurtris.
Un jour il fut livré, jamais il ne fut pris.

*
* *

A cette heure, peuplé bien plus qu'à l'ordinaire,
Mais sombre et recueilli comme la Nation,
Il ne peut pas fêter de sa fondation
Le quatrième centenaire.

Les Barbares qu'un jour tu vis à l'œuvre, quand
Ils se livraient au sac de Rome avec furie,
Ouvraient à leurs chevaux, en guise d'écurie
Les chapelles du Vatican ;

Les Vandales, lâchés dans la Ville Eternelle,
Où, joyeux, ils brisaient les marbres en morceaux,
Et sur les trésors d'art, pour les mettre aux ruisseaux,
Portaient une main criminelle ;

Les Germains qui brûlaient, égorgeaient sans remords,
Massacraient les enfants et violaient les femmes,
Puis que l'on retrouvait, après les ruts infâmes,
Au fond des caves ivres-morts ;

Ces monstres détestés, dont la sauvagerie
Se déchaîne une fois de plus aux temps présents,
Nous les vîmes, hélas ! voilà bientôt trois ans,
Se ruer sur notre patrie...

Alors, pour nous prêter un généreux concours,
Dans la ville autrefois par leur vue alarmée
Les Anglais sont venus débarquer une armée
Qui défile toujours.

Et les Belges, chassés de leur terre natale
Que prétendait franchir un parjure arrogant,
Ont fait de notre port pendant cet ouragan
Leur humble capitale.

*
*   *

Ah ! lorsque nos soldats, tels jadis leurs aïeux,
Auront enfin bouté l'ennemi hors de France,
Lorsque dans le soleil des jours victorieux
Luira la délivrance,

Ta ville reprendra sa tâche avec ardeur,
Pour que son avenir à son passé réponde
Et pour que sa richesse, un jour, et sa splendeur
Eblouissent le monde.

A l'abri des périls sous ton blason princier,
On la verra du sort affronter les orages,
Comme la salamandre affronte d'un brasier
Les impuissantes rages.

Car Le Havre, toujours et plus vaste, et plus beau,
Doit vivre aussi longtemps que la rive cauchoise...
O roi François Ier, tu peux, dans le tombeau,
Etre fier à jamais de ta Ville-Françoise.

A TRAVERS LE HAVRE D'AUTREFOIS

Causerie par M. Ph. Barrey

MESDAMES,

MESSIEURS,

Permettez-moi de placer cette causerie sous l'égide du fondateur du Havre. Il est représenté ici se projetant sur une ordonnance de paiement délivrée à Jacques d'Estimauville, et relative à la construction du port et de la ville. Il y a apposé sa signature.

Pour ce roi brillant, élégant, souple, clairvoyant, intelligent, héroïque à ses heures, représentant fidèle de son pays et surtout de son temps, cette création a été autre chose qu'un caprice aussi vite oublié que satisfait. Au cours de ses trente-deux ans de règne, il est venu maintes fois en surveiller la réalisation; il l'a suivie avec passion dans ses moindres progrès.

Cette ville, à laquelle il désira donner son nom, il l'a voulue grande, riche et puissante; à travers les âges il l'a entrevue envoyant sur toutes les mers sa salamandre symbolique. Son imagination d'artiste s'est complue à prévoir pour elle une prospérité sans limites. Et sous les lambris de Fontainebleau comme sous la tente de feuillage de la Hève son rêve, perçant les brumes de l'avenir, a fait asseoir la fille de sa pensée et de son patriotisme parmi les reines de l'Océan.

MESDAMES,

MESSIEURS,

Mgr Julien vous a retracé d'une façon magistrale l'esprit et les tendances de l'organisme urbain fondé il y a quatre siècles par le Père des Lettres. La Société Havraise d'Etudes diverses m'a fait l'honneur de me confier le soin de vous en décrire sommairement les modifications matérielles, de retracer par l'image ses aspects successifs, d'évoquer un instant ses monuments disparus, ses sites transformés. C'est une excursion rapide dans les souvenirs d'un passé cependant peu lointain. J'aurais hésité devant cette tâche si je n'avais eu pour m'encourager, pour m'excuser même, une série de vues rappelant le Havre d'autrefois.

Les gravures et les estampes représentant le Havre, soit en entier, soit partiellement, sont très nombreuses. Le temps limité qui m'est imparti a forcément restreint mon choix. Il y aura donc dans cette revue d'inévitables lacunes. Je vous prie, Mesdames et Messieurs, de ne pas m'en tenir rigueur.

Cette causerie aura uniquement la ville pour objet. C'est dire que tout ce qui a trait au port, à son commerce, à sa marine, restera entièrement en dehors.

Je le regrette d'ailleurs, car il n'est peut-être pas de chapitre plus attachant de son histoire, et à coup sûr moins connu, que l'exposé des efforts soutenus par ses marchands et ses marins, pendant les trois quarts de siècle compris entre la reprise du Havre et la mort de Richelieu, en vue de donner et de conserver à la France des marchés et des colonies.

Le fait capital qui retient l'attention de quiconque étudie un plan de la vieille ville, c'est la correction, la régularité de son tracé. Dans les cités anciennes, la part de la fantaisie individuelle est toujours apparente, en dépit des rectifications de la voirie moderne; elle se trouve ici réduite à un tel minimum qu'elle est à peu près inappréciable. Ceci s'explique par les conditions mêmes qui ont présidé à la naissance du Havre.

Ce n'est pas, en effet, une agglomération constituée à la longue au gré des convenances personnelles, sous des influences mal définies, c'est une création due à une volonté unique et souveraine, entreprise avec méthode, continuée avec persévérance.

Les extensions successives de la ville ont laissé leur empreinte dans les voies actuelles et un peu aussi dans les modes de construction. La juxtaposition des parties anciennes et des nouvelles est sensible ; il faut cependant une initiation préalable afin de s'en rendre compte.

Le berceau de la Cité tient en entier dans le quartier Notre-Dame ; il est circonscrit par l'avant-port, les rues Emile-Renouf, des Remparts, de l'Arsenal, et les quais Videcoq et de Notre-Dame. Encore cette étendue n'est-elle pas tout d'abord entièrement utilisée.

Les débuts de la ville sont difficiles. La volonté royale est tenue en échec par des prétentions féodales. Le sol de la ville appartient au marquis de Graville; son principal souci, et l'on peut affirmer son unique préoccupation, c'est d'en percevoir les revenus, les rentes censives.

Cette situation anormale mettait en péril les intérêts essentiels du pays, ces intérêts qui avaient rendu indispensable l'établissement du port et la construction de la ville. En 1541, François Ier, par une véritable expropriation pour cause d'utilité publique, incorpora au domaine royal tout le territoire de la ville. Et comme alors le souffle de Renaissance et d'humanisme pénétrait profondément les traditions nationales, le Roi alla chercher, pour étendre et décorer la ville qu'il avait fondée, un architecte imprégné de l'esprit qui avait fait de la péninsule le foyer où se mariaient dans une sage eurythmie les enseignements de la Rome impériale et le précieux héritage de Byzance.

L'œuvre de Jérôme Bellarmato, ce créateur de la voirie havraise, la voici, telle qu'elle nous a été conservée dans un plan de 1563, dû à Jérôme Cook.

Vue perspective de la ville du Havre en 1563

Au quartier Notre-Dame il adjoignit l'îlot de Saint-François, resté presque complètement ainsi qu'il l'a conçu; puis, au-delà d'une crique devenue beaucoup plus tard le bassin de la Barre, le quartier des Barres, aujourd'hui occupé par le bassin de la Citadelle et les quais environnants. Enfin, comme il voulait répondre aux vues grandioses du Roi, il laissa, dans la circonvallation de terre qu'il fit élever, des espaces libres suffisants pour le développement ultérieur de la Cité. D'une extrémité à l'autre de la ville, du Perrey aux abords de l'église de Leure, il y avait 1.950 mètres, la longueur du boulevard de Strasbourg.

La méthode de Bellarmato rappelle d'assez près celle suivie dans les villes neuves américaines. Les rues se croisent à angle droit; les îlots de maisons sont rectangulaires au lieu d'être carrés. Les larges voies de circulation sont doublées de ruelles de dégagement. En outre, il imposa aux propriétaires une mesure d'hygiène qui, hélas ! ne lui survécut guère : le tout à l'égout.

Le vaste périmètre de la ville présentait comme contre-partie de ses avantages un inconvénient sérieux : il exigeait trop de troupes pour le défendre. En 1551, Henri II fit opérer le retranchement de la moitié orientale. Afin d'éviter un péril éventuel, mais qui pouvait fort bien ne pas se réaliser, le Havre était arrêté dans son extension future. Il devait en subir les effets pendant plus de deux siècles. Faute de pouvoir s'étendre en surface, force lui a été de se développer en hauteur et d'utiliser jusqu'aux moindres recoins de terrain.

Il restait pourtant encore une ressource d'avenir : le quartier des Barres, déjà en partie bâti. La Citadelle, édifiée à partir de 1570 par Jules-César Spinelli, le détruisit presque entièrement. Ses dernières maisons disparurent en 1628, lors de la construction de la Citadelle de Richelieu.

A partir de cette date, la ville a acquis la forme qu'elle conservera jusqu'en 1787. Un plan de Hantier, daté de 1673, en donne une reproduction fidèle.

Vue perspective du Havre et de ses environs en 1673

Ce dessin d'un Havrais est fort curieux, non seulement pour la ville, mais aussi parce qu'il s'étend à ses environs. On y voit, entre autres, l'ouvrage à tenaille ou à corne, construit par l'ingénieur Petit. Il occupait la partie sud du Perrey. A l'intérieur, s'allongeaient les interminables chemins de filage des corderies. Plus haut, au pied de Sainte-Adresse, se trouve indiquée une source d'eau minérale connue sous le nom de Fontaine de Jouvence.

Cette source avait beaucoup de vogue à cette époque. Je ne sais ce qu'elle guérissait, mais les échevins semblent y avoir tenu singulièrement. Afin d'éviter toute déperdition, ils avaient fait construire une sorte de réservoir de puisage en solide maçonnerie. Par la suite, des éboulements en obstruèrent l'accès et on l'oublia. On l'oublia si bien, qu'au milieu du siècle dernier un mouvement de terrain aidé par l'érosion de la falaise l'ayant mis à jour, on en fit pompeusement un fragment de balnéaire romain !

Un autre plan, reproduit par Joseph Morlent, donne du Havre une impression plus saisissante encore. On peut le reporter aux environs de 1650.

Au lieu de s'étendre, comme aujourd'hui, sur toute l'étendue comprise dans ce plan, la ville est confinée à l'extrême limite de la plaine. De là à la côte d'Ingouville, ce ne sont que marécages, criques et rigoles, fort pittoresques assurément, mais bien incommodes et insalubres.

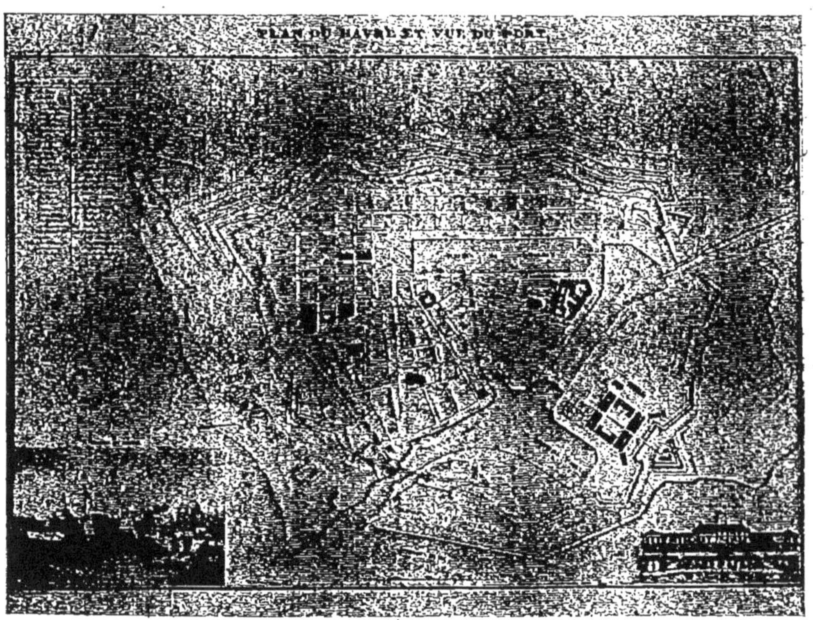

Plan du Havre en 1830

Une large voie bordée de moulins est la Chaussée, dont l'amorce de la rue Thiers a seule survécu. D'ici de là apparaissent le pré-de-santé Saint-Roch, les quelques maisons du Bas-Ingouville, la paroisse de Leure, les Neiges, la grande route nationale de ce temps, et enfin la côte, entièrement en bosquets, en cultures et en broussailles.

En 1787, l'enceinte fortifiée fut reportée de 400 mètres vers le Nord. L'espace ainsi obtenu fut partagé en îlots géométriques. Sur une échelle plus ample et mieux en rapport avec les besoins modernes, c'est le procédé suivi par Bellarmato.

En 1852, l'annexion des communes suburbaines donna à la ville son étendue actuelle, à peu de chose près. La soudure entre les agglomérations réunies faillit cependant être compromise par des résistances injustifiables. Le génie militaire s'obstinait à maintenir des remparts en pleine ville, à une portée de fusil d'une côte de 90 mètres d'altitude. Il fallut la ténacité d'un Havrais de vieille souche, de Jules Ancel, maire du Havre, et la largeur de vues du chef de l'Etat, pour faire tomber ces encombrantes survivances du passé et permettre au Havre de s'étendre sans entraves et, souhaitons-le, sans limitation.

*

* *

Dans ces vues générales, les détails sont inevitablement sacrifiés à l'impression d'ensemble. Les aspects particuliers de telle ou telle partie de la Cité, les monuments, échappent à l'attention ou ne se distinguent que confusément. En les considérant seules on s'expose à des méprises, à des illusions en quelque sorte d'optique. Pour connaître une ville, il convient de ne pas s'arrêter à l'apparence extérieure; il faut la parcourir, pénétrer s'il se peut dans son intimité. C'est un voyage de quelques minutes. Voulez-vous m'accepter comme cicerone ? Je vous promets d'être moins indiscret qu'Asmodée.

C'est peut-être de la présomption, mais je crois que cette promenade ne sera pas sans intérêt. Bien que les voies du Havre actuel aient en majorité, au moins pour les principales, conservé leur direction et leur largeur d'antan, leur physionomie s'est profondément modifiée. La mode, les prescriptions édilitaires, l'aspiration vers le confort ont agi ici comme ailleurs.

Les monuments de jadis ont disparu ou se sont transformés. Si les traits essentiels sont restés les mêmes, le sentiment éprouvé aujourd'hui par le touriste est très différent de celui ressenti par le voyageur il y a un peu plus de cent ans.

Prenons donc le Havre d'autrefois au moment de sa plus grande prospérité sous l'ancien régime, à la veille de la Révolution, c'est-à-dire à l'époque où le trafic colonial avait répandu l'aisance chez beaucoup de ses habitants et l'opulence chez certains.

La plupart des voyageurs se rendant au Havre empruntaient la route ouverte en 1766, la route nationale. A mesure qu'ils se rapprochaient de la ville la richesse de la campagne environnante, l'agglomération croissante des habitations, leur produisaient une impression favorable qui se reflète dans leurs écrits.

A cet égard, le jugement des étrangers est plus sûr, plus objectif, que celui des habitants. Un écrivain anglais, habituellement assez chagrin, a délaissé un moment sa morose philosophie en notre faveur. Je lui laisse volontiers la parole afin que vous ne m'accusiez pas de partialité.

« L'approche du Havre, écrivait Arthur Young en 1788, annonce une ville très florissante. Les montagnes sont presque cou-

nombreuses commencées. Elles sont quelquefois si près les unes des autres qu'elles forment des rues. Ce sont d'agréables additions à la ville. »

C'est qu'alors le Havre, si longtemps isolé à l'angle de la plaine, commençait depuis peu à s'étendre *extra muros,* lançant son faubourg à la conquête des alentours. Timide au début, cette expansion s'accéléra par la suite. Elle se reproduira à chaque agrandissement territorial.

Un peu avant de pénétrer à Ingouville, la route longeait un parc étendu, où une grande maison aux fenêtres cintrées étalait la fraîcheur de ses murailles neuves. Au siècle suivant elle aura sa place dans les légendes locales sous le nom de Château des Revenants.

Après être passées devant la raffinerie Eichoff et l'avenue conduisant à la chapelle de l'Hôpital, les voitures s'engageaient dans le bourg étroit d'Ingouville, sans s'arrêter devant les auberges du Bras-d'Or et de l'Ecu-de-France.

Arrivée de Louis XV en 1749

Il serait difficile à présent de se représenter l'intensité de la circulation dans cette rue d'Ingouville, plus resserrée que nous la connaissons. C'était l'unique exutoire terrestre de l'activité havraise, du troisième port colonial de France. Et l'encombrement était d'autant plus saisissant que la rue débouchait sur une voie large de 120 pieds, ombragée de chaque côté par une double rangée d'arbres, la Chaussée.

demi-lunes se profilaient les hautes murailles de briques rouges largement rehaussées de cordons de pierre, les tourelles, les guérites et, sur le talus gazonné qui les surmontait, les ormes superbes qui faisaient à la ville une couronne de verdure.

Mais surtout ce qui forçait et retenait l'attention c'était l'avancée de la porte d'Ingouville, que dominaient au second plan les tours élevées par le cardinal de Richelieu.

L'aspect de cette porte était extrêmement remarquable. Elle se développait sur 40 mètres de largeur ; les tours mesuraient 28 mètres de hauteur. Au fronton, encadrant les armes de France et de Navarre, se trouvaient les statues de l'Océan et de la Seine. Les armes du cardinal y figuraient également. On les voit encore aujourd'hui sur les orgues de l'église Notre-Dame.

La Porte Richelieu. — Façade Nord

C'était là un spécimen achevé de l'art militaire sous le règne de Louis XIII, avec cette heureuse association de la brique et de la pierre qui le caractérise en architecture. On peut deviner l'impression qu'une telle entrée produisait chez les arrivants.

Se trouvant dans l'alignement des remparts, orientés Est-Nord-Est, elle n'était pas dans l'axe de la rue de Paris qui, elle, suit sensiblement le méridien. Les deux tours se trouvaient à l'emplacement actuel de l'Hôtel de Normandie et du magasin d'orfèvrerie à l'angle de la place Richelieu. Mais eût-elle été plantée différemment qu'elle eût disparu quand même, le respect du passé, dans ce qu'il a de beau et de vénérable, n'étant pas dans les traditions des ingénieurs de ce temps. On ne pourrait sans injustice les accuser d'avoir fait preuve de tendances trop conservatrices !

Le côté regardant la rue de Paris était beaucoup plus sobre et dégagé d'ornements.

La porte franchie, on pénétrait dans la rue Saint-Michel, l'actuelle rue de Paris. Du premier coup d'œil le voyageur avait le sentiment qu'il arrivait dans une ville d'origine récente. Plus de maisons en encorbellement, pas de façades ornées, sculptées, dorées même, comme il s'en dressait dans les cités anciennes, à richesse acquise. C'est un style que l'on pourrait qualifier de perpendiculaire, si cette expression ne s'appliquait pas à un genre d'architecture qui a produit chez nos alliés d'Outre-Manche de splendides monuments.

Ce n'étaient en effet que des façades plates, sans originalité comme sans caractère. Par surcroît, un essentage d'ardoise presque général leur imprimait une physionomie monotone et triste, maigrement relevée par les larmiers débordants et quelques irrégularités de construction. Et puis, le souci d'attirer le client ne surexcitait pas les commerçants; leurs obscures boutiques, éclairées le soir par un quinquet fumeux ou une chandelle larmoyante, feraient triste figure à côté des étincelants magasins d'à présent.

Vous devinez, et peut-être le connaissez-vous, le peu de commodité qui se trouve dans ces habitations. Ajoutez à cela l'absence de trottoirs, la présence au milieu de la rue d'un ruisseau souvent encombré, et quelques objets qu'on n'est plus dans l'habitude d'y rencontrer.

Que serait-ce si vous faisiez connaissance avec les rues écartées, car si resserrée que fut la ville, il en existait. Là, le sort de Tobie était toujours à craindre. Je passe...

La rue Saint-Michel était pourtant la principale artère du Havre, séjour de beaucoup de négociants (1), siège des hôtelleries les mieux fréquentées. Un siècle auparavant ce n'étaient qu'enseignes se balançant au vent. Sans souci du pittoresque, les échevins les ont proscrites ; à l'encontre des Gaulois les administrateurs d'alors ne craignaient pas que la chute du ciel. Elles sont maintenant appliquées sur les murailles, à l'exemple de celle-ci, qui décorait l'auberge des *Trois-Têtes*.

Avec les places adjacentes, cette rue était naturellement le centre des fêtes. En 1790, elle fut métamorphosée dans toute sa longueur en une immense salle de banquet, où fraternisèrent la garde nationale et le régiment de Béarn.

Je doute cependant qu'elle ait alors présenté un point de vue aussi curieux que celui offert lors de l'illumination de la rue le

---

(1) Notamment de la maison de commerce Eyriès, Le Couvreur et Cie, au n° 12 (actuel) de la rue de Paris, qui fut la représentante de Beaumarchais pour l'armement des navires qu'il envoya du Havre au secours des « insurgents » des Etats-Unis.

19 septembre 1749, à l'occasion de la présence de Louis XV. L'idée ingénieuse des portiques enguirlandés et lumineux était, vous le voyez, fort bien complétée par un trois-mâts illuminé fermant la perspective.

Illumination de la rue de Paris en 1749

Jetons un regard sur le seul des monuments civils ayant trouvé grâce devant les innovateurs. C'est le Muséum actuel, reconstruit à neuf peu de temps auparavant pour servir aux juridictions havraises.

Le campanile qui le surmontait a disparu. On ne peut guère le regretter car la sèche rectitude de ses lignes était plutôt disgracieuse.

La place qui s'étend au-devant du Prétoire est la plus vieille du Havre. Elle porte, presque depuis sa création, un nom difficile à expliquer : la place des Cannibales. C'est le marché, mais ce n'est pas que cela; les exécutions capitales s'y font et, dans quelques années, on inaugurera au même endroit la sinistre machine à Guillotin sur une fille qui avait, suivant l'expression même du jugement la condamnant, « péri » son enfant. Nous sommes moins rigoureux aujourd'hui.

Là se trouve aussi le pilori. Ce ne sont pas seulement les malfaiteurs qu'on y a exposé; jadis les marchandes dont les explications dépassaient le ton convenable y étaient attachées. Les échevins étaient bien sévères pour les Madame Angot du Havre.

L'église Notre-Dame n'est pas encore achevée. Un toit plat, un toit provisoire qui dura deux siècles, termine sans grâce le grand portail.

Deux époques d'architecture, n'ayant entre elles aucun rapport, se retrouvent sur la façade de l'église. Le clocher, commencé en 1539, se ressent encore du goût ogival dépouillé de ses ornements. Le grand portail est un assez complet échantillon de ce style impersonnel et international introduit en France par la Compagnie de Jésus.

Le mur limitant le cimetière sur la rue des Drapiers servait aux étalages des marchands d'estampes.

De l'autre côté de la rue, presque en face du clocher, s'ouvraient les ruelles du Cadran et de la Vierge. Depuis une trentaine d'années leur côté Nord a été abattu. C'est maintenant la rue Frédéric-Sauvage.

Faisant suite à la rue de la Vierge, un autre coin du vieux Havre est disparu au même moment. C'est une brasserie très ancienne, qui fonctionnait déjà au XVIe siècle, contiguë à l'ancien vivier, à l'endroit où s'élève la Poissonnerie.

Bien qu'elle ne présente plus d'intérêt architectural, je dois néanmoins retenir un instant votre attention sur une maison encore existante. Sous le crépi qui la recouvre elle a perdu tout son caractère; à peine se signale-t-elle par un léger encorbellement. C'est pourtant une construction en pierre et en silex, contemporaine de la fondation du Havre. Elle a été édifiée par Jacques d'Estimauville, le lieutenant du vice-amiral du Chillou.

Cette maison, c'est l'*Hôtel des Armes de la Ville*. Ce n'est pas son origine que je dois vous signaler. C'est que, dans l'histoire coloniale française, elle devrait avoir une place à part. Elle a été le siège de la première *Compagnie des Indes occidentales*, fondée en 1626, puis de la *Compagnie des Isles de l'Amérique*. C'est ici que le navigateur cauchois Pierre Belain d'Esnambuc et le marchand havrais Jean Cavelet du Hertelay s'entendirent en vue d'occuper les petites Antilles. C'est grâce à leur œuvre commune que quelques terres de la mer des Caraïbes rappellent encore le merveilleux essor de la France tropicale créée par Richelieu.

A l'extrémité de la rue de Paris existait la place d'Armes. Un siècle auparavant la courtisanerie échevinale y avait érigé une fontaine monumentale surmontée de la statue de Louis XIV.

L'idée était peut-être justifiée. L'exécution en fut médiocre. Suivant une coutume déjà vieille, les finances communales étaient mal en point. La statue était prévue en bronze; pour des raisons d'économie, on la fit en plâtre bronzé. Le résultat ne se fit pas attendre. Sous les tempêtes, les averses et les embruns, le revêtement s'écailla, le plâtre s'effrita. Bref, la statue tomba en ruines et la fontaine fut remplacée par celle qui a subsisté jusqu'en 1842.

Dans l'angle du quai se trouvait le poste des passagers d'Honfleur, ces précurseurs des « très confortables » paquebots de la Compagnie Normande.

Le quai a peu changé dans cette partie, mais les travaux entrepris en 1862 l'ont sensiblement prolongé vers l'Ouest, en faisant disparaître une partie de la place.

Il existe sur ce quai une impasse que tous les Havrais connaissent : l'allée Duval. Dans l'une de ces maisons a vécu, tant qu'il n'était pas à la mer — peut-être même y est-il né — un des plus célèbres marins du Havre : Guillaume Le Testu.

C'est lui qui signala l'admirable situation de la baie de Rio-de-Janeiro et y conduisit une expédition française en 1555. Hydrographe de grand mérite, il était aussi, comme beaucoup de marins de cette époque, un redoutable corsaire. Sa dernière course lui fut fatale. Rôdant sur les côtes de l'Amérique centrale, il se rencontra avec l'un des plus illustres marins de la Grande-Bretagne, un de ceux en lesquels elle se confia sous la menace de l'*Invincible Armada* : Francis Drake. L'un comme l'autre avaient au cœur la même haine, partageaient les mêmes convoitises. Ils étaient hommes à se comprendre. Peut-être, dans leur existence aventureuse, n'était-ce pas la première fois qu'ils agissaient de concert. Ils conçurent l'entreprise fabuleuse d'enlever le convoi qui amenait à l'Atlantique le tribut du Pérou, des millions ! Et comme ils étaient gens de prompte réalisation, ils l'osèrent. Mais le métal précieux était trop abondant. Des renforts ennemis survinrent. Afin d'assurer la retraite et la mise en lieu sûr du butin, Le Testu, ne gardant avec lui que quelques compagnons, se fit tuer sur place. Son sacrifice ne fut pas inutile. Le partage donna des résultats tels que je n'ose vous les dire. Vous m'accuseriez d'être Gascon !

L'espace compris entre la porte du Perrey et le quai Notre-Dame était à cette époque le théâtre d'un va-et-vient et d'une animation extraordinaires. C'était ce qui surprenait surtout l'étranger, et Arthur Young le déclare nettement : « Il ne faut pas faire de recherches pour connaître la prospérité de cette ville; elle est plus vivante qu'aucune ville que j'aie encore vue en France. » Et trente ans plus tard, un de ses compatriotes, le révérend Dibbin, s'écriait à son tour : « Quel tableau de vie et de mouvement. »

C'est qu'on est ici véritablement au forum du grand port normand; c'est de là qu'irradient, ainsi que des influx nerveux, les décisions qui font déjà du Havre une place de commerce de premier ordre. C'est là, qu'associés dans une heureuse proximité, se trouvent les édifices qui abritent et synthétisent la vie locale, aussi bien commerciale qu'administrative.

C'était d'abord la Bourse, élevée en 1785 par les dons volontaires des négociants. Près de la porte du Perrey elle était comme blottie à l'ombre puissante de la Grosse Tour.

Toute modeste qu'elle apparût dans son cadre de beaux arbres, elle conserva son affectation primitive jusqu'en 1862. Depuis longtemps elle n'était plus qu'une survivance sans utilité et Léon Buquet pouvait dire sans exagération poétique :

Vous chercherez en vain la Bourse aux jeux ardents
Que des murs trop étroits tenaient mal prisonnière ;
Grossissant, reculant toujours ses flots grondants
Elle a pris pour Palais toute la ville entière.

La Bourse

Tout près de là, à l'emplacement recouvert aujourd'hui par le Musée, se dressait le Logis du Roy. Du Chillou le fit construire en même temps qu'il posait les premiers fondements de la ville. Aussitôt son achèvement, il servit aux réunions du corps municipal. Acheté par la ville et agrandi, il conserva cette affectation jusqu'en 1792.

Dans cet édifice plus que modeste sont descendus, sous l'ancien régime, tous les rois qui ont visité le Havre. C'est ici également qu'en 1644, conduite sous un dais porté par les échevins, une fille d'Henri IV, Henriette, femme de Charles Ier, roi d'Angleterre, fuyant la révolution victorieuse, est venue avec sa fille, la future belle-sœur de Louis XIV, immortalisée par l'éloquence de Bossuet, s'asseoir au foyer de l'hospitalité française. Et je me demande si ce ne fut pas le souvenir ému de sa réception qui l'engagea à armer au Havre les nombreux corsaires britanniques qui coururent sus aux navires du Protecteur.

Ce ne sont pas seulement des épisodes de ce genre que rappelle l'Hôtel communal. Un souvenir tragique y plane. L'ombre qui l'entoure n'a jamais été éclaircie. Un jour de mars 1599, trois officiers protestants, les frères Raoulin, furent tués dans une rixe ou assassinés de sang-froid, on ne le sut jamais, dans une salle basse de l'édifice.

Le Logis du Roy

Il ne subsiste à peu près rien du Logis du Roy. La cheminée monumentale, reconstituée au Musée, ornait la salle des délibérations, la « salle fayencée », somptueusement peinte et décorée. En outre, invisible à tous, il reste encore sous la cour du Musée et sous le bâtiment même la vaste citerne que le gouverneur André de Villars fit établir en 1590 pour servir de réservoir aux eaux de Vitanval.

Quelques pas plus loin, la ville, en 1753, avait fait édifier un Hôtel, afin de loger le lieutenant du Roi, officier qui possédait toutes les prérogatives du gouverneur.

Cet édifice se composait d'un corps central flanqué de deux ailes. On appréciait mieux son importance et son aspect en le regardant de l'Ouest, par dessus les remparts.

De 1792 à 1859, il servit d'Hôtel de Ville. Mais la ville n'étant qu'usufruitière du terrain, par une de ces belles chinoiseries dont l'espèce se retrouve parfois, fut mise en demeure, lors de l'extension du port, de le remettre à l'Etat. La démolition fut vite opérée. Il n'en a été sauvé que les deux cimiers qui surmontent la porte de la caserne des pompiers.

Songeait-on aux conséquences de cet acte un peu hâtif ?

Je l'ignore. Je suis cependant obligé de constater que depuis un demi-siècle un monument de belle allure et bien conservé est remplacé par un inutile terrain vague. On en peut juger par le pal qui le clôt à l'angle de la chaussée des Etats-Unis et de la rue Emile-Renouf.

Hôtel du lieutenant du Roi

Mais voici la tour François-Ier, gardienne austère de la Cité havraise.

Commencée il y a ce jour même quatre cents ans, elle fut terminée quelques années plus tard. Jusqu'en 1861 elle a conservé à l'entrée du port la physionomie très spéciale que tant d'artistes se sont plu à reproduire.

Malgré son grand âge, en dépit des caresses souvent brutales des navires, de l'assaut des vagues, des colères des hommes, elle était encore, quand son arrêt de mort fut prononcé, dans un état de conservation qui pouvait vraiment, sans exagération, je vous en fais juge, lui permettre de durer quelque temps encore.

Ses murailles, de sept mètres d'épaisseur, au parement extérieur revêtu de boules et de pointes en diamant, suivant le procédé de construction cher à du Chillou, qui l'avait déjà employé lorsqu'il commandait les troupes françaises à Gênes, étaient de taille à braver les menaces de la mer. Pourtant elle disparut pour faire place à un brise-lames. Pourquoi précisément cet imposant témoin d'une histoire souvent glorieuse plutôt que certains bâtiments se trouvant de l'autre côté du chenal ? N'approfondissons pas !

J'entends Sancho, fonctionnaire, qui rappelle à Don Quichotte, conférencier, que le silence est d'or.

Entrée du port avec la tour François Ier

Avant de quitter la vieille ville, il reste à faire connaissance avec la partie située à l'Est de la rue de Paris. La visite sera brève, car elle ne passera devant aucun monument digne d'attention. (Je dois cependant faire une exception pour l'Arsenal. Il venait d'être reconstruit entièrement, dans le style Louis XVI. Ses magnifiques portes allaient, dans quelques années, être enfoncées à coups de hache par le peuple soulevé.)

L'Arsenal, magasin général de la marine, regardait le chantier des constructions. Le bassin lui-même, alors tout entouré de murs, n'est plus maintenant reconnaissable.

De l'autre côté du pont reliant les deux paroisses, en face d'une petite promenade réservée aux officiers de la marine, une très curieuse construction, la maison du Passeur, attirait l'attention.

On la nommait ainsi parce qu'à l'un de ses sommiers d'angle étaient grossièrement sculptés un passeur et sa barque. Probablement était-ce l'une des premières bâtisses du quartier, élevée avant l'établissement du pont. Elle se trouvait sur le chemin le plus direct entre la paroisse Notre-Dame et l'ancien port de Leure.

C'était assez la coutume d'utiliser ainsi la partie apparente des poutres supportant l'étage en encorbellement.

On en voit un intéressant exemple sur un immeuble situé dans la cour du n° 13 de la rue des Galions.

A l'autre extrémité de la rue Royale (rue Général-Faidherbe) se dessinait un ouvrage fortifié de proportions importantes. C'était la Citadelle édifiée par Richelieu.

La Porte Royale, la principale, s'élevait au delà de la retenue de la Barre.

Entre cette entrée, la porte d'Ingouville et le grand portail de Notre-Dame, il existait un air de parenté indéniable, accusé surtout par les lourdes colonnes à bracelets. Ces trois monuments sont d'ailleurs contemporains et dûs probablement au même architecte.

Porte Royale de la Citadelle

Encore quelques années et une partie de la Citadelle sera rasée. Sur l'un des terrains laissés libres la Montensier, une actrice réputée, fit bâtir le Théâtre des Barres.

C'était la première salle de spectacle digne de ce nom que le Havre ait possédé. Jusqu'alors le chariot de Thespis avait dû demander l'hospitalité un peu partout, notamment tout près d'ici, dans une baraque en planches, brûlée un soir de tempête. Ce fut, au reste, le sort du Théâtre des Barres, incendié en 1810.

La première pierre de celui où nous nous trouvons a été posée il y a juste un siècle, par le duc d'Angoulême.

Pour sortir de la ville il serait fastidieux de reprendre le chemin où vous avez bien voulu m'accompagner. Contournons-la par le Perrey, en passant sous la porte attenant à l'Hôtel du lieutenant du Roy.

Avant d'arriver au Perrey on traversait la place de Provence, sur laquelle se faisaient les manœuvres de la garnison et les cérémonies militaires exigeant beaucoup d'espace. C'est ici que se célébrera en 1790 la belle fête de la Fédération et que, sous la Terreur, s'élèvera la Montagne symbolique, deux manifestations aussi rapprochées dans le temps qu'éloignées par l'esprit qu'elles témoignaient.

Cette place elle-même, limitée au Sud par la jetée, était encombrée de constructions assez hétéroclites. On y voyait des fours à chaux, des guérites, des corps de garde, le magasin de sauvetage, le premier de France, construit en 1753 par le commerce, et le petit phare carré datant de 1791.

Le terrain situé derrière la jetée se transforma vite. En 1860 c'était un véritable champ de foire permanent. Précédemment on y avait vu le Musée d'histoire naturelle dirigé par le père du savant Lennier. Acheté par la ville, il a constitué le fond des collections du Muséum. Il fut remplacé par la légendaire ménagerie Herbert, que regardent des curieux. Heureux temps où l'on ne voyait de fauves qu'à travers des grilles !

On y trouvait aussi les ateliers photographiques de Cyrus Macaire et de Warnod, le débit de tabac du sauveteur Durécu, un tir au pistolet, un restaurant, succédant au parc-aux-huîtres de la place, et enfin la batterie de Provence.

Dans ces mêmes parages, avait été édifié le primitif Frascati.

Ce n'était tout d'abord qu'un modeste établissement de bains. Il était en bois, bien entendu, n'étant autorisé qu'à titre précaire et révocable, suivant la formule. Puis l'appétit était venu... en se baignant. L'hôtel s'était ouvert où le prince de Joinville et ensuite Jérôme Bonaparte, le plus jeune frère de l'Aigle, venaient assidûment. Je crois même, le fait a été rappelé en son temps, qu'on y fit la première expérience de looping the loop.

Excusez-moi d'avoir fait trop vite fonctionner la machine à mesurer le temps et reprenons notre promenade.

Le Perrey était alors tel que la mer l'avait façonné. Placé entre le canon des remparts et les batteries de la plage, il était assujetti aux servitudes militaires. Ce n'étaient que chantiers de constructions navales, dépôts de matériaux de toute nature, corderies et briqueteries. La population, logée dans des roufles invalides, dans de sordides bicoques, y était miséreuse et clairsemée.

Le quartier a été profondément transformé et même dans le fond de ses impasses on n'y retrouve plus actuellement les sommaires habitations que nos pères y ont connues, ni les invraisemblables constructions où s'exerçait l'industrie des briquetiers.

En dehors de la ville, à l'angle de la rue d'Oran, existait la fontaine des Pincettes, où les lavandières exerçaient leurs battoirs, et, paraît-il, leurs langues.

Un peu plus haut, une vaste excavation, pratiquée à la longue par les extractions d'argile, portait le nom de Mare aux Huguenots. Près de l'une de ses berges se dressait le dernier des quatre moulins du Perrey.

La Mare aux Huguenots et le dernier moulin du Perrey

En traversant la plaine marécageuse, on atteignait le pré Saint-Roch, ancien hôpital affecté aux maladies contagieuses ; il allait être bientôt converti en cimetière.

Sa chapelle était accompagnée un peu plus loin d'une chaumière servant d'écurie. Il faut une certaine imagination pour se représenter aujourd'hui ces deux constructions bordant le jardin si bien entretenu qui est l'une des parures de la Cité.

Enfin, par des sentes caillouteuses et dures, on arrivait à l'église Saint-Michel d'Ingouville. C'est là que, le 24 mai 1517, le vicaire de la paroisse publia la vente consentie au vice-amiral du Chillou de 24 acres de terre à prendre de chaque côté du havre que le Roi faisait construire.

Déchu à la Révolution de son titre d'église du Havre, l'humble édifice sentait chaque année décroître ses forces. La mousse rongeait ses pierres, les eaux dégradaient ses sculptures. La foule se détournait du doyen des monuments havrais, si joliment serti cependant dans son cadre de verdure, si sobre et si pur dans la simplicité de ses lignes. L'ancêtre bientôt n'allait plus avoir place au foyer de la ville qu'il avait vu naître, grandir, étendre au loin ses maisons et sa richesse. Heureusement, un fervent du passé se prit de pitié et d'amour pour ce qui bientôt n'allait plus être qu'une ruine. Son appel, répété à chaque occasion, éveilla à la longue un écho, des échos. M. l'abbé Guérard, curé-doyen de Saint-Michel, avec l'aide de la ville et de généreux donateurs, a libéralement assumé la tâche de la restauration. Aujourd'hui, le promoteur de cette entreprise, l'historien des origines et des premiers temps du Havre, M. Alphonse Martin, peut être fier d'avoir pu réparer des ans l'irréparable outrage.

A cette hauteur, la vue s'étendait sans obstacle sur la plaine et sur la ville.

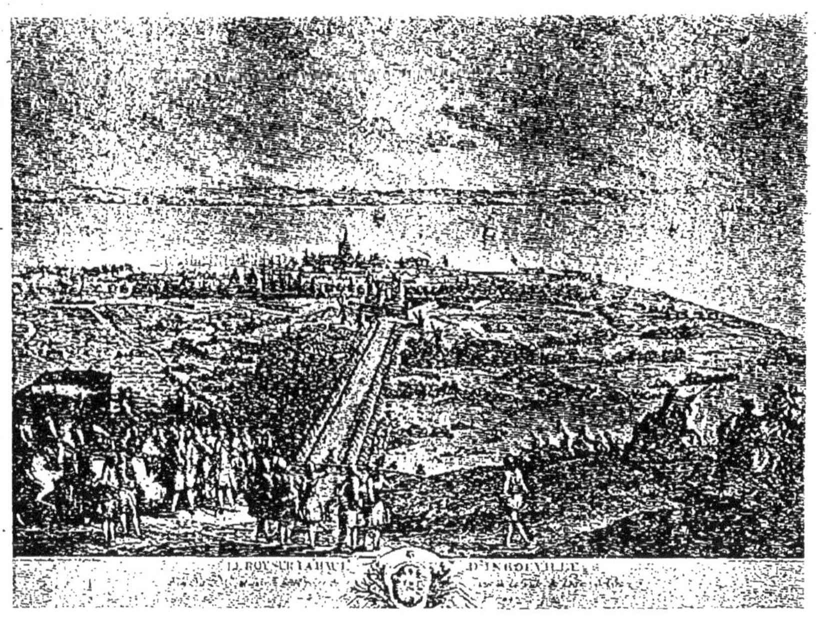

Le Havre, vu de la côte d'Ingouville

Hélas ! de ce panorama superbe les jours étaient comptés.

*

* *

Le rescindement des fortifications, à partir de 1787, ouvre une période de transition entre l'ancien Havre, étouffant dans son corset bastionné, et la ville définitivement libérée de ses lisières. Elle est, à ce titre, moins intéressante, et je vous demande la permission de ne pas m'y arrêter longtemps.

Les remparts de si belle venue rappelant le grand cardinal avaient été abattus. Les portes en avaient été refaites, mais sous quelles fâcheuses inspirations artistiques ?

Passe encore pour la porte Royale, démolie il y a une cinquantaine d'années. La chaussée de Rouen recouvre ses fondations. C'est dire qu'avec un peu de bonne volonté on eut pu la conserver.

Quand on l'éleva, on oublia qu'une porte n'a d'utilité que si elle s'ouvre sur quelque chose. Or, elle ne donnait accès, jusqu'au moment de l'ouverture du cours de la République (la Route-Neuve), en 1829, soit 40 ans plus tard, qu'à un étroit chemin, dit du Corridor, à peu près impraticable aux charrois.

La Porte Royale

Mais que dire de la porte d'Ingouville !

En voyant ces colonnes trapues et rébarbatives, vrais chefs-d'œuvre de laideur, quels regrets ne devaient pas éprouver les Havrais qui revoyaient en esprit les lignes élégantes de la porte Richelieu ?

La porte d'Ingouville occupait le sud du Jardin public actuel, à peu près à l'endroit où s'élevait précédemment un des moulins bordant la chaussée d'Ingouville. Au delà s'étendaient des jardins et de petites constructions. Le tout a fait place au Jardin public et à l'Hôtel de Ville.

Porte d'Ingouville

Je suis obligé, l'heure pressant, de vous présenter rapidement les quelques vues restant à projeter.

D'abord, le parc aux huîtres, ouvert dans les fossés de la Citadelle, puis la plage, telle qu'elle existait avant l'établissement du boulevard Albert-Ier.

Le Théâtre et les maisons qui l'avoisinent ont singulièrement changé depuis 1823 ; sans repère on aurait quelque peine à reconnaître l'annexe de Tortoni.

Quand on éleva le Théâtre, on songea à donner à la place une décoration appropriée. Le motif central comprenait des colonnes rostrales et des statues. Il est presque inutile d'ajouter que le plan, resté à l'état de projet, alla rejoindre dans les cartons beaucoup de frères infortunés.

De l'autre côté de la rue de Paris se trouvait la Mâture, dont la silhouette grêle est sans doute pour beaucoup d'entre vous une vieille connaissance, et la double forêt de mâts du bassin du Commerce.

*

* *

Encouragé par votre indulgence, Mesdames et Messieurs, je suis parvenu sans encombre au terme de la visite rétrospective dans laquelle vous avez bien voulu m'accompagner. Les transformations qui vont désormais s'opérer au Havre relèvent de l'histoire contemporaine. Beaucoup de nos concitoyens en ont été les témoins et parfois les acteurs. Je n'aurais rien à leur montrer qu'ils ne connaissent mieux que moi.

Pourtant, avant de clore cette causerie, laissez-moi vous souligner, par un double rapprochement, l'importance considérable de l'œuvre d'aménagement accomplie par les Municipalités havraises au cours du second Empire.

Le quartier bourgeois s'étendant de part et d'autre du boulevard François-Ier est d'origine toute récente. Voici sous quel aspect il se présentait aux yeux des visiteurs attirés par l'Exposition ouverte en 1868 sur l'emplacement des remparts Ouest.

Exposition de 1868

Peut-être quelques-uns d'entre vous, Messieurs, se souviennent-ils que ce fut dans cette Exposition que Lennier éleva l'Aquarium, réédifié ensuite dans le jardin Saint-Roch. Je n'ai pas à vous rappeler pourquoi cet établissement, qui eût pu être si utile pour l'étude de l'Océanographie et le développement de la pêche havraise, est disparu...

Une dernière vue est plus éloquente encore. Elle est supposée prise de la gare du chemin de fer. Vous voyez les espaces énormes [illegible] fortifiée par les terrains [illegible] aux servitudes militaires.

A cette place sont maintenant tracés le boulevard de Strasbourg, la rue Jules Le-Cesne, les voies adjacentes, sont construits les Casernes, le Palais de Justice, la Sous-Préfecture, l'Hôtel de Ville, le tout se développant sur une longueur de 2 kilomètres. Vous pouvez ainsi apprécier l'inestimable service rendu à la ville du Havre par les administrateurs qui ont su prévoir, oser et réaliser.

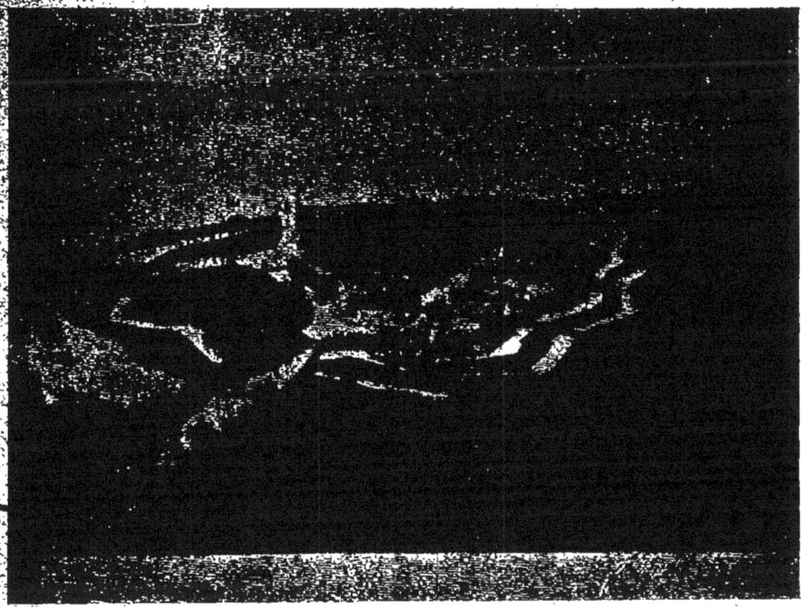

Vue du Havre, prise de l'Est

Ph. BARREY.

Audition de Musique religieuse des XVIe et XVIIe Siècles à l'Eglise Notre-Dame

NOTICE HISTORIQUE

LA RENAISSANCE MUSICALE

Ce mot de Renaissance, glorieuse époque d'art, évoque tout un siècle d'efforts vers un idéal de clarté et de beauté latines, inspiré de l'antiquité. A ce moment, le monde intellectuel tout entier semble vouloir s'évader, non pas de la barbarie gothique, le terme ne serait pas juste car l'art gothique nous a laissé des chefs-d'œuvre, mais des formes primitives du moyen âge, et tendre vers une conception plus épurée et vers plus de noblesse. La simplicité des temples grecs et l'harmonie de leurs lignes, les œuvres de la statuaire hellène inspireront architectes et sculpteurs. La littérature et la peinture subiront l'emprise de cette rénovation si profonde. Seule la musique ne cédera que beaucoup plus tard au courant. La renaissance musicale ne se fera qu'un siècle après. Les admirables chœurs à Capella, des Palestrina, des Lassus, des Vittoria, ne sont que l'aboutissement glorieux de deux cents ans de contrepoint. Ce contrepoint vocal, rigide et impersonnel tout d'abord, illustré par les noms flamands et français d'Ockeghem, d'Obrecht, de Josquin de Près, de P. de la Rue, de Jannequin, de Goudimel, s'est assoupli merveilleusement entre les mains des maîtres de chapelle allemands, italiens, espagnols. De Lassus y apporte une science profonde et une force dramatique encore insoupçonnée ; Vittoria, plus d'expression et de charme ; Palestrina, enfin, réforme cet art un peu enchevêtré et le soumet à des lois plus rigoureuses d'éclaircissement et de pureté. Il atteint à la perfection du genre et nul ne le dépassera.

Mais, en 1589, à Venise, dans le salon du comte Bardi et sous l'influence du mouvement quatro-centiste, les efforts de Galilée (père de l'astronome), et des chanteurs Peri et Caccini, aboutissent enfin à la création d'un art monodique dépouillé de toute vaine science, et qui vise seulement à la traduction exacte de l'idiome parlé en une langue mélodieusement chantée. Ce n'est encore que la déclamation, mais, peu à peu, la mélodie se fait jour. Nue et dépourvue de tout artifice harmonique, à peine accompagnée, elle va triompher et pendant longtemps, abolissant les vastes compositions chorales polyphoniques, elle régnera sur le monde. Le théâtre est né et va se développer en Italie d'abord, et de là chez toutes les nations de l'Europe.

Concurremment, pourtant, l'oratorio sera créé et la musique chorale s'y réfugiera, accompagnée cette fois des timbres de l'orchestre. Cavaliere, Gabrielli, Carissimi, Schütz, en seront les initiateurs.

Le solo vocal va naître et la musique instrumentale le suivra. Les vieux instruments : violes, luths, orgues, régales, etc., céderont le pas au quatuor moderne. Cette renaissance-là retarde sur l'autre, elle n'en est pas moins rigoureuse, mais elle ne constitua d'abord qu'un appauvrissement de l'art musical destiné à lui permettre une liberté plus grande et plus d'expansion. Et, peu à peu, se dégagera une musique noble et sereine, un peu grandiloquente parfois, mais privée encore de toute tendance à cette virtuosité qui emportera, plus tard, les chanteurs italiens vers un art plus sensuel et brillant. Et ce sera la musique de Monteverde, en Italie, celle de Lulli, en France, et des vieux maîtres du XVIIe siècle : Lalande, M.-A. Charpentier ; en Allemagne, celle de Schütz, le précurseur direct de Bach.

Les violonistes italiens créeront l'orchestre et les Concertos grossos de Corelli serviront de modèles aux musiciens futurs. Cette forme d'art très spéciale, où tout un orchestre (à cordes le plus souvent) répond au petit orchestre (concertino) des solistes, atteindra enfin sa perfection avec les concertos de Bach et de Haendel. Mais, déjà, nous touchons à l'aube éclatante du XVIIIe siècle, et nous devons clore ici cette étude. On nous pardonnera d'avoir admis ce dernier maître sur un programme qui devait se concentrer davantage sur une seule époque, mais il nous a paru que c'était bien là la conclusion nécessaire de représenter à quel épanouissement devaient enfin aboutir les efforts de toute une génération.

H. WOOLLETT.

LA CÉRÉMONIE MUSICALE A NOTRE-DAME

Ce fut une grandiose cérémonie que le salut en musique organisé le 15 avril en l'Eglise Notre-Dame, au profit des veuves de marins havrais tués pendant la guerre, par les soins de Mgr Julien. La présence du cardinal Dubois en rehaussa l'éclat. Les nefs étaient garnies d'un public attentif ; le chœur réservé aux invités de choix : MM. le contre-amiral Didelot, gouverneur du Havre ; Carton de Wiart, vice-président du Conseil des Ministres de Belgique ; le colonel Nicholson, commandant la base anglaise ; Louis Brindeau, sénateur ; Georges Ancel, député ; Morgand, Maire du Havre, etc., etc...

Les exécutants, au nombre de 175, étaient groupés sur une vaste estrade dressée contre le grand orgue. Le compositeur havrais, H. Woollett dirigeait l'exécution du programme qu'il avait élaboré avec un souci évident de le mettre en harmonie avec le but principal de l'audition : commémorer la Fondation du Havre par François Ier, en 1517.

Les grands noms des musiciens de la Renaissance y figuraient donc au premier plan, mais l'érudit musicographe qu'est Woollett avait tenu à donner également place aux novateurs du XVIIe siècle, créateurs du style nouveau et de la monodie expressive et déclamatoire, les vrais auteurs de la renaissance musicale. Enfin, poussant jusqu'au début du XVIIIe siècle, il avait admis à la suite les deux grands maîtres en qui se résument tout le savoir et l'inspiration des âges précédents : Bach et Haendel.

Après la *Fantaisie en la mineur* de J.-S. Bach, impeccablement exécutée par M. A. Donnay, titulaire du grand orgue, le chœur à cinq voix : *Exultate Deo,* de Palestrina (1515-1594) nous ramenait deux cents ans en arrière. Il éclatait, joyeux et triomphant, en motifs entrelacés, d'une exubérante floraison, les phrases superposées passant tour à tour dans chaque registre, en des harmonies d'idéale pureté, d'une absolue unité tonale. Deux siècles de contrepoint avaient abouti à ces arabesques sonores.

Vittoria (1540-1615), dont se réclame l'Espagne, était représenté par deux chœurs différents : un *Jesu Dulcis*, prière exquise de douceur aux harmonies subtiles, où la partie de ténor (le supérius) fait dominer cependant l'idée principale, et un *Tantum Ergo*, plein de foi et d'ardeur, d'une richesse de coloris incomparable. Ce dernier chœur, en particulier, reçut une interprétation magistrale qui en fit ressortir toutes les beautés.

Le *Pulvis et Umbra*, de R. de Lassus (1520-1571), le grand maître flamand, contient lui aussi des beautés de premier ordre. Moins accessible aux profanes peut-être, en raison de l'enchevêtrement voulu des parties en style d'imitation, et de l'imprévu des tonalités, il n'en est pas moins d'une admirable profondeur de sentiment et d'une belle matière musicale. Confié à un petit ensemble, il fut excellemment traduit par les voix expertes de Mlles O. Cifolelli et L. Delivet, Mmes d'Ozouville, Tournié-Herb et Carrière, MM. Wildt, Roland, Lefèbvre, Dupré, Lebertre et Barclay.

Les beaux vers latins du XVIe siècle, qui en constituaient le texte, avaient été traduits avec bonheur sur le programme par M. R. de la Villehervé.

Pulvis et umbra sumus. Tantum post funera Virtus
Nomen inexstinctum sola superstes habet.
Nil aurum, nil pompa innat, nil sanguis avorum.
Excipe virtutem, cætera mortis erunt.

« Tu n'es qu'ombre et poussière et penses d'un haut prix
« Tes aïeux, tes grandeurs et ton or : Misérable !
« La vertu seule nous assure un nom durable,
« Retire la Vertu : la mort nous a tout pris. »

Un des gros effets du Concert fut l'*O Filii*, de Leissring. Ici nous n'avons plus affaire aux entrelacs du contrepoint, mais à une musique dont de simples enchaînements d'accords forment la structure. Un seul rythme à toutes les voix. Mais la saveur des archaïques tournures tonales, empruntées aux modalités du moyen âge, s'y double d'un effet d'écho obtenu en dédoublant le chœur. Un chœur d'hommes, mezzo voce, y répond aux élans du petit chœur mixte, plus en évidence. Une parfaite gradation de nuances obtenue par la baguette autorisée de H. Woollett, en assura une exécution fort remarquable.

Ce sont là tous : chœurs *à Capella,* où les voix ne sont soutenues par aucun accompagnement et, pour qui sait la difficulté de telles réalisations, le mérite des exécutants s'apprécie pleinement.

Mais au XVIIe siècle, les voix s'appuient sur un accompagnement instrumental, l'orchestre naît, la déclamation vocale passe au premier plan. De cette époque novatrice nous eûmes de superbes motets avec orgue, chantés par la voix d'une idéale pureté de Mlle Marié de l'Isle. Le style simple et large de cette éminente artiste mit en valeur ce chef d'œuvre de sentiment divin qu'est le *O amor, o bonitas* du vieux maître français : Marc-Antoine Charpentier (1634-1702) et le *Panis Angelicus,* de M. de Lalande (1657-1726). Dans *l'Hymne* de Schütz (1585-1662) : *Je veux louer sans cesse le Seigneur,* Mlle Marié de l'Isle attint à une profonde émotion.

Un *Concerto Grosso* de Corelli (1653-1713), pour instruments à cordes permit enfin à l'orchestre d'intervenir. Ici nous sommes à l'aube de la musique instrumentale. Les vieux instruments trop faibles ou trop hétérogènes des premiers ensembles sont enfin abandonnés. Les violons, les altos, les violoncelles remplacent les violes de bras, les violes de gambe, les luths et les théorbes, comme les flûtes, bassons et hautbois remplaceront les orgues régales, les cromornes et les saquebutes. L'orchestre moderne est constitué, et la musique de Corelli, avec ses tournures archaïques, n'en possède pas moins une franchise rythmique, un charme mélodique indiscutable et une pureté d'écriture qui la placent au premier rang dans les productions de l'époque.

La forme du *Concerto Grosso* (d'où sortit plus tard la Symphonie) est assez curieuse ; un petit orchestre de solistes (ici : 2 violons et un violoncelle) y dialogue avec le grand orchestre des cordes, s'unissant à lui dans les ensembles. Cela donne lieu à de charmants contrastes de sonorités, surtout lorsque le petit orchestre est composé, comme en cette occasion, d'artistes de valeur comme MM. Tracol, Béguin et Delhaye.

M. Tracol nous avait déjà fait apprécier son grand talent en exécutant, d'un archet souple et large, un bel *Adagio* de Nardini.

Enfin, surgissant comme le résumé de toute cette musique, portée à son plus haut point de perfection, le *Concerto Grosso,* en ré majeur, du grand Haendel, obtint d'unanimes suffrages par une exécution précise, nuancée et phrasée, qui sut en faire apprécier les multiples beautés.

Entre temps, M. le chanoine Alleaume, supérieur de l'école Fénelon, d'Elbeuf, dans une allocution d'une belle forme littéraire, avait retracé l'histoire des paroisses religieuses du Havre. Enfin S. E. le Cardinal Dubois tint à donner à l'organisateur de cette réunion, Mgr Julien, évêque élu d'Arras, une preuve éclatante de sa sympathie, en faisant, du distingué prélat, à l'occasion de son départ du Havre, un éloge que tous les auditeurs approuvèrent au fond de leur cœur. Constatant que la cérémonie qui se terminait exprimait bien, par la réunion de tant d'esprits divers, une affirmation de l'union sacrée, le Cardinal exprima le vœu que cette union, pour la grandeur de la France, survécût aux instants cruels qui l'ont provoquée.

DISCOURS DE M. L'ABBÉ CHARLES ALLEAUME

Chanoine honoraire de la Cathédrale de Rouen, Supérieur de l'Ecole Fénélon à Elbeuf

prononcé en l'Eglise Notre-Dame le 15 Avril 1917

Le Havre de Grâce 1517-1917

> « *Tu autem vocaberis civitas quœsita, et non derelicta.*
>
> « Voici ton nom : Cité élue par les hommes, jamais délaissée par Dieu.
>
> « ISAÏE, LXII, 12. »

EMINENTISSIME SEIGNEUR,

MONSEIGNEUR,

MESSIEURS, MES BIEN CHERS FRÈRES,

Au commencement de l'année 1517, quatre clochers guidaient, au Nord, le navigateur qui s'engageait dans la baie de Seine : Saint-Nicolas-de-Leure, Sainte-Honorine-de-Graville, Saint-Michel-d'Ingouville, Saint-Denis-Chef-de-Caux. Au pied de ces quatre clochers, la vie achevait de s'éteindre. La mer, en se retirant, ici, de l'estuaire encombré d'alluvions, en rongeant, plus loin, les falaises dont les éboulements comblaient un ancien port aux bateaux, ruinait, l'une après l'autre, les espérances fondées sur elle, et, par elle, longtemps réalisées. De cités illustres dans les fastes maritimes de la France, il restait des noms, des souvenirs, des regrets.

Cependant, une crique, accueillante aux bateaux de faible tonnage, interrompait la régularité monotone de ce littoral envasé. Au bord de l'eau, quelques cabanes misérables, une taverne, une maison qu'on appelait, d'un nom destiné à la célébrité, la « maison du passeur ». Voilà, si je ne me trompe, tout ce qui devait s'appeler plus tard le Havre. Ou plutôt cet humble groupement possédait dès lors son centre, son cœur, son foyer d'où rayonnait la vie : une petite chapelle en bois, édifiée au bord de la crique, par Pierre de Roulin, curé d'Ingouvile, et dédiée à Notre-Dame de Grâce, patronne de tout le littoral. Le « Havre de Grâce » a préexisté à la fondation de François Ier. La vie religieuse est la première assise de cette ville : elle ne s'y est jamais éclipsée, durant les phases rapides et brillantes de son développement. Ecrire l'histoire du Havre et taire l'aspect religieux de sa vie, c'est se condamner à des lacunes qui obscurcissent cette histoire ; tracer le tableau de la ville à ses différents âges sans mettre en lumière sa vitalité chrétienne, c'est y laisser volontairement des ombres qui altèrent l'harmonie de ses nuances et défigurant la physionomie de la cité havraise.

Dans tous les grands événements de la vie du Havre, si chers à nos souvenirs, la religion garde sa place. Arrêtez-vous, pour vous en convaincre, devant les scènes historiques, qui furent fixées en des verrières admirables, dans l'abside de cette Eglise, par un des meilleurs enfants de la cité, celui qui, avant d'être l'Evêque de Soissons et Laon, portant partout avec lui, dans son alerte vieillesse, la nostalgie de son berceau, fut combien longtemps, et demeure dans le souvenir des Havrais, M. Jean-Baptiste-Théodore Duval, curé de Notre-Dame.

Et voilà l'histoire que j'ai la charge de retracer à traits rapides, en cette solennité religieuse, complément indispensable des grandes assises d'avant-hier, au cours desquelles vous avez entendu cette voix qui, tant de fois déjà, donna à l'âme de la cité la plus haute expression qu'elle pût ambitionner.

Qu'est-ce que le Havre doit à la Providence divine ? Comment la cité s'est-elle acquittée, jusqu'alors, de ses obligations envers Dieu, en contribuant au règne divin ? Je voudrais très simplement essayer de le dire, non pas, peut-être, en historien strictement impassible, tâche que des étrangers seuls pourraient assumer, mais avec sincérité quand même.

Et j'ajoute que l'heure est propice à cette évocation du passé. Le Havre a toujours été une cité de guerre, nous le verrons tout à l'heure ; il a grandi dans une atmosphère de bataille : on respire la poudre en tournant les feuillets de son histoire. Evoquer sa naissance à l'heure où le canon nous apporte l'écho des victoires françaises et alliées, c'est un travail tout à fait d'actualité et qui met de la joie dans l'âme.

I

La ville du Havre date ses fastes de 1517. Mais, en 1516, au témoignage d'érudits bien informés, des matelots, qui relevaient du seigneur de Graville avaient pris fief de lui et avaient bâti auprès de la vieille taverne. Leur dévotion à la Vierge est constatée par des faits : la première chapelle en bois, cela paraît acquis, existait alors. La Vierge a présidé à la naissance du Havre, dont les premiers jours se rattachent, par Marie, à Dieu lui-même.

Il en reste un témoignage, le plus simple et le plus décisif : le nom lui-même. François Ier a prétendu baptiser de son nom la ville qu'il avait fondée. Mais l'amiral de Bonnivet, chargé par lui, depuis 1520, d'inaugurer le port, est arrivé trop tard, en 1524, pour changer le nom consacré par le langage populaire : le pli était pris. Personne depuis lors, sauf quelques fervents d'humanisme, n'a eu recours au terme tout à fait renaissance de Franciscopolis. On a dit : le Havre de Grâce, le Port de Grâce, le lieu de Grâce. Aujourd'hui même, la fraîcheur de ce nom a beau avoir été desséchée par la vie fiévreuse des affaires, qui n'admet, dans sa langue télégraphique, aucun complément au terme bref et banal : le Havre; le Havre de Grâce survit, il renaît, à tout le moins, en cet anniversaire, de tous les monuments qui proclament la foi indéfectible de nos pères.

Gardons-nous de méconnaître l'œuvre de François Ier, et, plus encore, de reprendre à notre compte le mot de Louis XII, qui fut une prédiction controuvée : ce gros garçon gâtera tout. Héritier des desseins poursuivis avec obstination par tant de générations de souverains, il est pleinement entré dans son rôle de mainteneur historique de l'indépendance française, contre l'agression, toujours renaissante, de l'impérialisme germain. Il a lutté avec des fortunes diverses, en définitive avec succès, pour arracher la France à l'étreinte, qui l'aurait étouffée, d'une coalition groupant, dans un même rêve d'asservissement du monde, le Saint Empire romain germanique et la Monarchie catholique d'Espagne. Il a défié l'ennemi sur tous les fronts à la fois. En fondant le Havre, il fortifiait le front de mer et s'assurait un point d'appui pour les offensives futures dirigées, à ce moment, contre la puissante marine Castillane. Mais sans manquer à sa mémoire, ni lui ravir le titre qui lui appartient, de Père de la Cité, constatons que Dieu et sa Mère l'ont prévenu, et qu'il existait un Port de Grâce avant qu'il y eut une Ville Françoise. L'honneur n'est déjà pas médiocre pour lui de s'avancer dans le sillage divin.

Il a mérité, toutefois, que son nom survécut du moins, dans l'Eglise cadette de la Cité. Chacun sait les malheurs de la *Grande Françoise*, cette nef incomparable, née de la surenchère des constructions navales, qui mettait déjà aux prises les marines rivales du XVIe siècle, nef qui ne put faire ses preuves à la mer, parce que les ingénieurs du temps avaient simplement oublié de draguer pour sa sortie un chenal suffisant. Elle chavira, en 1533, près du saut de la Grande-Barre. Ses débris servirent à construire la plupart des maisons du quartier des Barres. Et lorsque Henri II, en 1548, mit filialement à exécution le plan, cher à François Ier, d'édifier dans la ville nouvelle un sanctuaire dédié à François de Paule, consolateur des derniers moments, un peu chargés de souvenirs importuns, du grand politique Louis XI, la statue en pied de Saint François d'Assise, sculptée à la proue de la nef infortunée, s'en fut orner la jeune église, placée dès lors sous le vocable du Pauvre d'Assise. C'est par l'intermédiaire de ses patrons du Ciel que François Ier a obtenu d'imposer son nom à un quartier, au moins, de la cité nouvelle.

Ville de Grâce par sa naissance, et Ville de Grâce encore par la sauvegarde divine qui éclate à toutes les pages de son histoire. Ce qu'elle a connu d'assauts ! Les éléments se sont ligués avec les hommes, pour secouer ses fondements mal assurés, sur un sol toujours mouvant !

Elle a connu la « male marée », huit ans après sa fondation. En janvier 1525, l'eau a tout recouvert, noyé ses habitants et porté toute sa flotte, 28 navires de pêche, dans les fossés du château de Graville.

Les hommes, à leur tour, se sont acharnés contre la ville qui s'obstinait héroïquement à vivre. Comme le héros de Corneille, elle aurait pu s'écrier :

« Que les hommes, les dieux, les démons et le sort
« Préparent contre nous un général effort :
« Je mets à faire pis, dans l'état où nous sommes,
« Le sort et les démons, et les dieux, et les hommes. »

Vint alors l'invasion étrangère. Les 6.000 Anglais de Warwick étaient pour nos pères des hôtes moins désirables que les beaux régiments, applaudis par toute la population, qui défilent dans les rues du Havre, en marche vers le front où se livre, non plus une guerre de religion, mais la croisade religieuse des peuples civilisés, décidés à sauver de la barbarie le trésor moral que nous a légué le divin Rédempteur.

La tourmente a passé, le Christ et sa Mère veillaient sur le lieu de Grâce. Juillet 1563 a vu la réduction de la ville aux mains de Charles IX. Et les notables ont pu, dès lors, vaquer au grand œuvre de la reconstruction, sur des plans définitifs, du temple qui nous abrite ce soir, premier et très rare exemplaire de l'art du XVIe siècle à son déclin.

Cité jamais abandonnée par Dieu. Sa position aux avant-postes de la France vers la mer la désignait aux premières attaques des flottes ennemies, en temps de guerre. Elle a traversé presqu'indemne les bombardements de 1694 et de 1759. Les boulets, d'un calibre assez respectable, — témoin celui qui forme un ex-voto des plus pittoresques dans la chapelle de la Sainte Vierge — ont épargné, ou presque, à deux reprises, la ville consacrée à Marie ; et les braves gens d'alors le comprenaient bien, eux qui, en 1694, massés sur le rivage et sur la « Côte » saluaient l'explosion du vaisseau-amiral et la déroute de la flotte anglo-hollandaise de ces clameurs mille fois répétées : « Gloire à Dieu ! Grâces à la Mère de Grâces ! » et fondaient à perpétuité, aux vêpres du samedi, le chant solennel des litanies de Lorette.

Cité d'élection, que Dieu s'est plu à cultiver, en groupant, dans les courtes annales de sa jeune histoire, le travail d'innombrables apôtres. Ses fastes religieux sont d'hier, quand on les compare à ceux des vieilles cités épiscopales et abbatiales de France. Mais les campagnes d'apostolat du clergé du Havre, à partir du XVIIe siècle surtout, comptent double pour la gloire.

Le Havre a, de bonne heure, abrité un nombreux clergé, bien qu'il ne renfermât que deux églises dans l'enceinte de ses fortifications ; et encore, deux églises placées sous la juridiction du curé d'Ingouville, lequel, de son vieux sanctuaire, assis à mi-côte, présidait à la vie religieuse de la cité tout entière.

Le clergé du Havre, en 1671, comptait 70 prêtres séculiers, vicaires, choristes, organistes, diacres et sous-diacres d'office, prêtres sacristains, que sais-je encore ? J'ai dit : prêtres séculiers. Encore est-il que la réforme ecclésiastique du Concile de Trente était venue les atteindre ici même. Peu d'exemples sont aussi édifiants que celui de M. de Clieu, ajoutant au ministère de ses trois paroisses la direction de la communauté ecclésiastique du Havre, fondée par son prédécesseur, Michel Bourdon, sous le nom de Maison de Saint-Charles, parce que les statuts de Saint Charles Borromée sur la conduite et l'instruction des clercs y étaient observés dans toutes leurs exigences. De cet asile de prières et de cette officine d'études sortirent périodiquement, pendant les longues années du ministère de M. de Clieu, des volumes de format un peu inquiétant, et de titre déconcertant pour la moyenne des lecteurs, tous dédiés à la Sainte Vierge, que l'auteur salue du titre de « Patronne du Havre, capitale du Grand-Caux ».

C'était la ville de prières, où le « *Laus Perennis* » ne faisait jamais défaut. L'office était célébré chaque jour à Notre-Dame, et la maîtrise de cette église, qui date de 1630, fut invitée, au cours du XVIIe siècle, à se faire entendre à la cathédrale de Rouen. Le Havre, d'ailleurs, fut probablement dès la fin du XVIe siècle, certainement à partir du XVIIe, une ville de moines et de religieuses. Dès 1590, il s'y trouvait des Capucins, auxiliaires zélés du clergé paroissial, pour le desservice de Saint François ; des Pénitents du Tiers-Ordre furent établis, au XVIIe siècle, au bourg d'Ingouville. Les Ursulines se sont installées à la même époque, place de l'Ilot ; dans le même quartier, en 1620, les Carmélites de Rouen fondèrent une succursale. Cité sainte que le Havre d'alors, où l'espace était si mesuré, et qui logeait pourtant, dans un confort relatif, plusieurs communautés religieuses. Un historien des églises du Havre a pu appeler le Havre d'alors « Une terre de bénédiction et de salut ».

Dès le milieu du XVIIe siècle, le Havre apparaissait comme une cité comblée des faveurs de la Providence. Richelieu devina, dès lors, le parti qu'il pourrait tirer de cette cité, la plus jeune parmi les grandes villes de France, pour la prospérité du royaume ; il n'eut garde de négliger les sources d'énergie religieuse qu'il voyait se concentrer en elle, toutes prêtes à jaillir. Ses armes, apposées sur le magnifique buffet des orgues de cette église, le don qu'il fit de la « Cardinale », la plus puissante des cloches qui sonnèrent, jusqu'à la Révolution, les joies et les deuils publics, proclament l'intérêt qu'il portait à l'Eglise du Havre de Grâce.

J'ai dit : l'Eglise du Havre, et je m'engage peut-être ici, Eminentissime Seigneur, en suivant l'histoire ,sur un terrain brûlant ; je vais le franchir en toute hâte. Richelieu n'aimait pas la dispersion des forces. Au royaume, luttant pour achever, par un dernier effort, son unité toujours compromise, il voulait assurer l'indispensable concours de la religion. On sait quelle « Eglise militante » il associait à sa politique et à sa stratégie. Les forces de l'Eglise et les forces de l'Etat devaient coopérer, dans sa pensée, pour mener à bien le même dessein. La crosse du Cardinal de Sourdis, hissée au grand mât des galères de France, c'était pour lui un emblème d'autorité qui grandissait le commandement. Une chaire d'évêque dans La Rochelle reconquise, c'était le symbole du pouvoir politique, en même temps que du pouvoir religieux, dressé dans l'ancienne citadelle du protestantisme ; aussi a-t-il préparé, s'il ne l'a pas réalisé, le transfert du vieil évêché vendéen de Maillezais dans la cité où avait commandé Guiton. Une chaire d'évêque au Havre, dans cette cité d'avant-garde, orientée face à l'Angleterre qui avait assisté La Rochelle en révolte, c'était, dans sa pensée — les manuscrits qu'il a laissés l'attestent — une garantie de plus que la citadelle qu'il édifiait demeurerait inébranlable à tous les assauts. C'était le psaume *Nisi Dominus* commenté en acte à l'usage des politiques et des soldats. On a beaucoup discuté, depuis lors, sur l'opportunité de cette création, et Vous, Eminentissime Seigneur, sans dire un seul mot sur la question, vous l'avez tranchée du geste le plus décisif, à peine entré dans cette ville, en conquérant d'emblée tous les cœurs. Qu'on restaure pour un jour l'antique plébiscite des fidèles appelés à choisir leurs Pontifes, pas un ne se résignera à vivre sous une autre houlette que la vôtre.

II

Oui, Dieu s'est plu à soigner ce domaine d'élection « *civitas quæsita* », d'autant plus digne de son amour qu'il portait le nom de sa Mère. Il a envoyé à cette vigne choisie de nombreux, de zélés ouvriers. Mais quels fruits a donc rendus le champ ainsi cultivé ? Si le Christ fût venu, aux heures de la moisson des âmes, comme le maître du figuier de la parabole « *venit quærens fructum in illa* », quels fruits aurait-il cueillis sur cette jeune terre havraise ?

Voici : Le Havre a donné à Dieu et à l'Eglise des chrétiens et des temples. Et je voudrais vous le rappeler, mes Frères, en me hâtant vers la fin de ce discours.

Des chrétiens, le Havre en a produit dès les premiers jours, qui, pénétrés des traditions de la Normandie catholique, ont mis à vivre leur catholicisme cette clarté du regard qui discerne les buts pratiques, et cette allure un peu conquérante dont leurs héritiers ne se sont jamais dépris.

Citoyens d'une ville que la Vierge a bénie en son berceau, par la Mère ils sont allés au Fils, le Dieu Incarné, le Dieu de l'Eucharistie. L'Eucharistie, l'ont-ils aimée, nos pères ? En pleine crise janséniste, M. de Clieu pouvait se prévaloir de dix-huit mille hosties distribuées, durant les Pâques de 1693, à son « très innocent troupeau » comme il l'appelait, « *innocentissimo gregi meo* ». Voilà pour les Havrais restés à terre.

Quant à ceux, très nombreux, — il y en a cinq mille, et c'est l'élite virile de la population — que la grande pêche retient à Terre-Neuve durant les plus beaux mois de l'année, ils se dédommagent en faisant agréer, par Monseigneur de Colbert, les statuts d'une association de prières et de vigilance contre « les blasphèmes, jurements, querelles, ivrogneries et autres péchés qui se commettent ordinairement en leur navigation ». On prie en commun sur les navires du Havre, on y enseigne le catéchisme aux mousses et aux novices, et, revenus à terre pour les mois brumeux de l'hiver, on y célèbre les fêtes de l'Immaculée-Conception et de l'Epiphanie par des processions publiques du Saint-Sacrement, à travers les rues ornées et tapissées.

Non contents de prier, les Havrais associent la Grande Victime du Calvaire à leurs supplications ; ils intéressent les défunts aux causes qui leur sont chères ; le nombre des obits et des fondations est si considérable, dès le XVIIe siècle, qu'il faut mobiliser tout un clergé pour les acquitter.

Ils prient, et ils donnent. Les profits de la grande pêche leur servent, comme on dit alors, à « osmonner » toutes les œuvres. Les fléaux, si fréquents aux siècles passés, qui s'abattent sur les populations, leur sont une occasion de faire bénéficier jusqu'aux gens des campagnes de cette « prodigieuse charité » qu'un historien loue chez les Havrais du XVIIe siècle. Ils établissent et dotent, sous le nom de « Miséricorde », un refuge permanent des pauvres, que la Révolution seule a fait disparaître.

Voilà la vieille population du Havre. De ses couches profondes, si remuées par la grâce, vont sortir de grandes dynasties bourgeoises, noblesse sans blason, mais qui peut exhiber ses titres conquis de haute lutte, au cours de quatre siècles seulement d'histoire, avide toujours de l'unique privilège de supporter le plus lourd des charges de la vie religieuse. Les noms qui s'étalaient sur les registres des comptes des premières paroisses du Havre, déchiffrés laborieusement sur des feuillets jaunis où l'encre s'est effacée, ont continué de se lire sur toutes les listes des donations faites aux églises et aux œuvres.

Les églises, ils les ont construites, reconstruites, embellies, infatigablement. Consultez, pour vous en convaincre, les procès-verbaux des marguilliers de Notre-Dame et de Saint-François, jusqu'à la Révolution, et durant tout le XIXe siècle. Puis, quand la vieille enceinte de Richelieu a craqué sous la poussée de vie de la jeune cité, chaque étape de l'expansion havraise pour peupler « la Plaine », comme disaient nos pères, ou s'accrocher aux flancs de « la Côte » a vu surgir du sol une église nouvelle. Les fidèles des vieilles cités historiques ont eu parfois un sourire un peu dédaigneux pour ces jeunes églises auxquelles manquait, avec la patine des siècle, le fini des œuvres collectives entreprises par nos pères du Moyen Age. Mais ceux qui savent sur quelles invraisemblables généralités sont assises leurs fondations, quel esprit chrétien, quel amour de Dieu et de son Église ont fait se dresser leurs nefs vers le Ciel, les aiment et les vénèrent à l'envi des plus vieilles basiliques. On les détaille et on les salue avec émotion, du sommet des hauteurs voisines, depuis Saint-Vincent-de-Paul, que réussit à édifier presque d'un seul effort, son hardi fondateur, le curé Beaupel ; Saint-Joseph, rêve charmant, qui ne restera plus longtemps inachevé, de l'abbé Roger et des chrétiens d'élite qui l'ont soutenu sans compter ; Saint-Michel, riche des trésors que ses zélés pasteurs ont accumulés sous ses voûtes, riche surtout de l'incomparable foi de ses fidèles ; Sainte-Anne longtemps appelée par des vœux si impatients et qui récompense aujourd'hui ceux qui n'ont jamais désespéré de son essor ; Sainte-Marie, aux proportions de métropole, qui justifie, toute imparfaite encore, les audaces de ceux qui en tracèrent le plan et permet, pour l'avenir, les espoirs les plus hardis ; jusqu'à cette dernière née des paroisses havraises, Saint-Léon, issu du grand cœur de l'inoublié cardinal Thomas, et qui ressuscite sous ses voûtes, où règne une paix austère et reposante, la dévotion singulière de nos aïeux aux défunts.., tandis qu'au loin, sur les vestiges des cités qui précédèrent le Havre dans la garde du littoral, et s'éteignirent quand brillait déjà sa jeune étoile, Saint-Nicolas, nom si souvent invoqué par nos anciens navigateurs, et Saint-Augustin, son plus jeune frère, avec les récentes églises gravillaises, groupent de nouveau à leur ombre des essaims tout bourdonnants de vie sur les ruines et les souvenirs du passé.

La même passion qui les a poussés à édifier des temples à Dieu, les catholiques du Havre l'ont éprouvée et lui ont obéi pour édifier Dieu dans les âmes par les œuvres de toutes sortes.

La plus belle des œuvres, c'est la vocation d'un prêtre ; comment l'oublier, dans la ville des abbés Biot, Hantier, Pleuvry, Anfray, Clémence, Dicquemare, Lemarsis, pour ne citer que les plus célèbres !

Les autres œuvres, je renonce à les énumérer ; il en manquerait et d'essentielles peut-être, à la liste. Mais disons bien haut qu'il n'y a pas un appel de l'Eglise auquel la foi des Havrais n'ait répondu ; pas une détresse matérielle ou morale que la charité des catholiques havrais n'ait secourue. Les ancêtres des hommes d'œuvres contemporains s'entraînaient déjà à cet apostolat, nous avons dit comment tout à l'heure ; leurs petits-fils ont recueilli ce flambeau, que les bourrasques de la Révolution n'avaient pu éteindre.

Et, tout le long du XIXe siècle, le chapitre des œuvres s'est enrichi, et des créations les plus audacieuses, en même temps que les plus conformes à la tradition de l'Evangile, et des libéralités de ces donateurs magnifiques, à la main toujours ouverte, même au lendemain des désastres économiques qui s'abattaient périodiquement sur la cité.

Pour conclure, un souhait : que l'essor du Havre ne s'arrête pas à ses limites actuelles ; il a fait tomber l'une après l'autre toutes les barrières qui semblaient fixer un terme à sa croissance. La mer menaçait de fuir ses rivages ; il a fondé plus au large, en pleine eau, ses établissements maritimes. L'avance des villes, ses émules, l'importunait : il s'indignait qu'on le crût en sommeil, quand veillaient, en quête d'agrandissements nouveaux, Rouen, Anvers et Rotterdam, — je ne parle plus de Hambourg. — Applaudissons à ses initiatives, qui trahissent la foi dans l'avenir prospère. Mais, que l'essor de la vie chrétienne marche du même rythme, dans cette « cité ardente », que l'expansion commerciale, « *dilatentur spatia charitatis* ».

Que le Havre donne à l'Eglise :

Des familles nombreuses. C'est la tradition de ses générations catholiques. C'est par elle que la pureté de la foi s'est maintenue, à travers tous les bouleversements des institutions humaines.

Des auxiliaires, infatigables et désintéressés, du ministère ecclésiastique. L'heure n'est pas venue d'arrêter les fondations de toutes sortes. Il faut du ciment et de l'amour aux églises et aux œuvres qui appellent encore tous les concours.

Des prêtres : Le Havre en a tant donné par le passé, de si saints et de si surnaturels ! Pasteurs des âmes dans les limites de ce diocèse, où le bon grain lève si vite et donne cent pour un ; missionnaires auxquels il fallait des horizons immenses, comme ce Jacques-Benjamin Longer, qui, à l'époque précise où la Terreur chassait Dieu de ses temples, rééditait les randonnées épiques et les conquêtes inouïes de Saint François Xavier, à travers l'Indo-Chine entière. Que les enfants voués au service de l'Eglise proclament donc, dans l'avenir comme dans le passé, la perennité de la foi des Havrais.

Et qu'après cela, Dieu soit propice à toutes leurs entreprises, qu'Il exauce la prière que lui adressaient nos ancêtres, les capitaines de navires, au salut qui couronnait les processions de l'Immaculée-Conception et de l'Epiphanie, au cours desquelles ils avaient escorté triomphalement l'Eucharistie à travers les rues de la ville. Qu'Il conduise tous leurs enfants au port de leurs désirs : « *deduxit eos in portum voluntatis eorum !* »

ALLOCUTION DE SON EMINENCE LE CARDINAL DUBOIS
Archevêque de Rouen

Messieurs,

Calmez, je vous prie, vos appréhensions, ce n'est pas un discours que je veux vous faire... Il est trop l'heure de se rappeler le mot de Pascal : « L'éloquence continue ennuie. » Laissez-moi seulement placer une double note dans les harmonieux concerts qui ont charmé nos oreilles au cours de ces fêtes. Ce sera comme une sorte de point d'orgue final.

Deux événements, d'ordre différent, ressortiront en traits lumineux dans vos annales havraises, sous le millésime de 1917 : l'élection de Mgr Eugène-Louis Julien comme évêque d'Arras et la célébration du IVe centenaire de la fondation du Havre. De ces deux événements, Mgr Julien aura été pour ainsi dire le héros.

Tous ici vous avez applaudi au choix du Souverain Pontife. La belle Eglise d'Arras, si éprouvée par la terrible guerre, a recueilli nos plus sympathiques félicitations. Les éminentes qualités d'esprit et de cœur qui distinguent Mgr Julien, sa brillante carrière sacerdotale, tout le désignait depuis longtemps pour l'épiscopat. On était tenté de s'étonner même du retard apporté à sa promotion tant elle était dans la pensée de tous : *hoc erat in votis.*

Je vous ai rappelé tout cela dans une lettre pastorale, portant à votre connaissance la nouvelle de l'élection au siège épiscopal d'Arras de Mgr Julien et je vous ai montré tout l'honneur qui de ce choix du Pape rejaillit sur le diocèse, sur le Havre, sur l'élu lui-même et sur la paroisse de Notre-Dame. Je n'insisterai donc pas. Je ne veux seulement être ici que l'interprète de vos sentiments pour redire à Mgr Julien nos félicitations et nos vœux et pour l'assurer de nos regrets et de nos prières. L'étoile guidera sa barque du port du Havre au port de Boulogne où le suivront notre pieux souvenir et notre indéfectible attachement. A Dieu va !

N'eût été la guerre, les fêtes du IVe centenaire de la fondation du Havre eussent revêtu un caractère de joyeuse et grandiose solennité. Pour si simples que les ont voulues les circonstances présentes, elles laisseront cependant au cœur de tous les Havrais d'aujourd'hui une ineffaçable empreinte et un réconfortant souvenir.

Au titre de Président de la Société d'Etudes diverses et comme Archiprêtre de Notre-Dame du Havre, Mgr Julien en aura été l'âme. Répondant avec empressement à l'initiative de la municipalité havraise, la Société d'Etudes diverses s'est acquittée très heureusement de sa mission. La célébration du IVe centenaire de la fondation du Havre est son œuvre. L'éloquence, les lettres, l'histoire, la poésie, l'art musical ont rivalisé d'élan et de succès. On aurait applaudi ici — n'eût été la sainteté du lieu, — et l'éloquent discours et l'audition musicale impeccable, que vous venez de goûter, comme on a applaudi vendredi soir au Théâtre tous ceux qu'on a eu la bonne fortune d'entendre.

Pour célébrer le IVe centenaire de la fondation du Havre, les corps constitués, les autorités civiles et militaires se sont trouvés groupés dans une même communauté de sentiments civiques et patriotiques. Les représentants éminents de la vaillante et sympathique Belgique et de la loyale et magnifique Angleterre ont bien voulu se joindre à nous et il m'a plu à moi-même d'apporter en cette mémorable circonstance un nouveau témoignage de mon dévouement et de mon attachement très vifs à la grande cité havraise et à tous ses habitants.

Il semble bien que ces fêtes aient affermi ici l'Union sacrée.

Il sera permis à un cardinal français, attaché par toutes les fibres de son cœur à sa Patrie, jaloux de sa prospérité et de sa grandeur, d'émettre ici le vœu que cette union demeure et s'affirme davantage encore après la guerre. Non, il ne peut pas en être autrement. Nous voulons, malgré tout, en garder le ferme espoir.

La France d'après guerre voudra rendre à la religion la place qu'elle n'a plus dans ses institutions ; la part qu'elle a perdue dans les affaires publiques. Elle voudra, la France d'après guerre, combler le vide béant creusé dans sa vie nationale par la séparation. Elle voudra cesser d'étonner les nations étrangères par son athéisme officiel. Il y va de son salut. Son relèvement moral ne peut se réaliser que par son relèvement religieux et vous ne trouverez pas ailleurs que dans l'Evangile, des moyens vraiment efficaces pour combattre les fléaux qui nous rongent : la dépopulation, l'alcoolisme, l'immoralité, la criminalité toujours croissante, etc.

Que l'Union sacrée de tous ses enfants dans l'amour prêché par le Christ Dieu : « Aimez-vous les uns les autres », ramène la France à ses antiques traditions. Nous pourrons alors redire avec le poète, en les appliquant à notre Patrie, ces vers inspirés :

Quelle Jérusalem nouvelle
Sort du fond du désert brillante de clartés
Et porte sur son front une marque immortelle.
Peuples de la terre chantez.
Jérusalem renaît plus charmante et plus belle.

TABLE DES MATIÈRES

Pages

Avertissement 3

Bureau de la Société Havraise d'Etudes Diverses pour la quatre-vingt-quatrième année 5

Exposé et vœux présentés et adoptés par la Société Havraise d'Etudes Diverses dans sa séance du 12 avril 1916 9

Séance du Conseil municipal du 10 mai 1916. — Proposition de M. JENNEQUIN, adjoint 17

Séance du Conseil municipal du 7 février 1917. — Discours de M. JENNEQUIN, adjoint 19

PH. BARREY. — Origines et fondation du port et de la ville du Havre 25

JEAN MACK. — Compte rendu de la Commémoration du IVme centenaire de la fondation du Havre, 13 avril 1917 69

MORGAND, maire du Havre. — Discours 77

Mgr JULIEN, président. — Discours 79

PAUL HAUCHECORNE. — Ode à François Ier pour le IVme centenaire de la fondation du Havre 99

PH. BARREY. — A travers le Havre d'autrefois, causerie 107

Audition de musique religieuse des XVIe et XVIIe siècles à l'église Notre-Dame.

H. WOOLLETT. — Notice historique. — Compte rendu de la cérémonie 131

Abbé CHARLES ALLEAUME. — Discours 137

S. E. le cardinal DUBOIS. — Allocution 147

Imprimerie du HAVRE-ECLAIR, 11, rue de la Bourse

www.ingramcontent.com/pod-product-compliance
Ingram Content Group UK Ltd.
Pitfield, Milton Keynes, MK11 3LW, UK
UKHW021116220726
13924UKWH00004B/1742

9 782019 9226